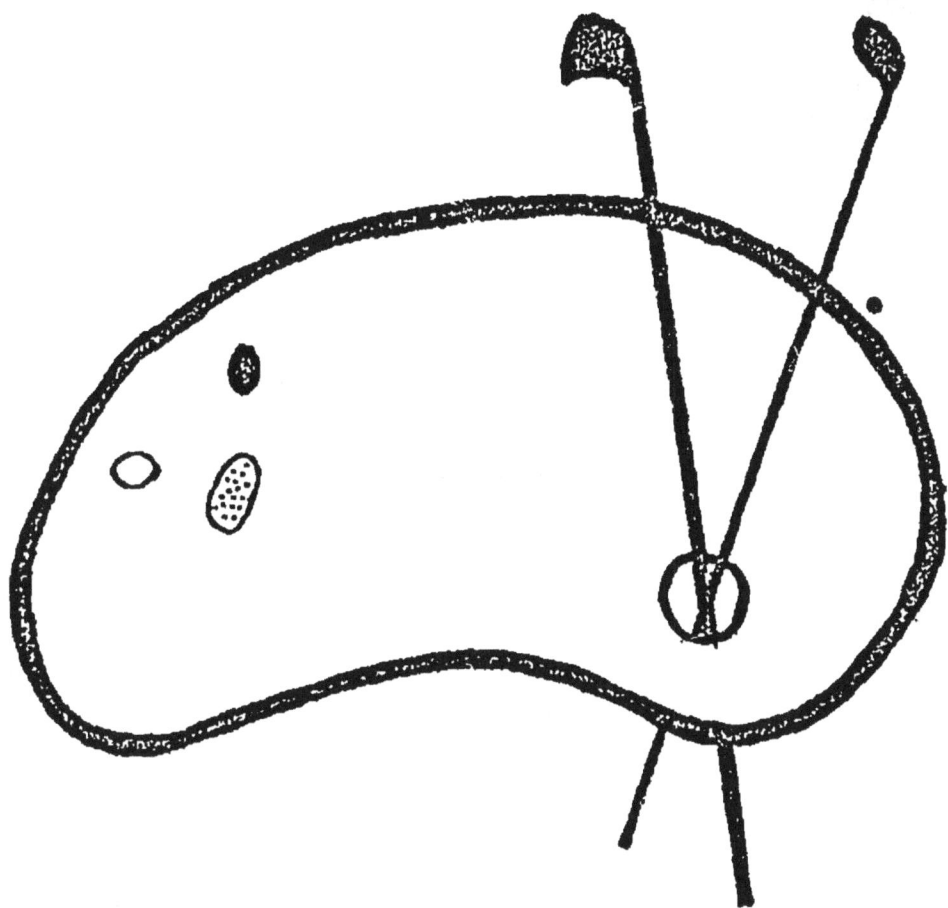

DEBUT D'UNE SERIE DE DOCUMENTS
EN COULEUR

LA BELGIQUE
CHAMP DE BATAILLE DE L'EUROPE

PAR

A. DE WINTER

MAJOR D'INFANTERIE, ADJOINT D'ETAT-MAJOR

Ouvrage orné de 4 cartes hors texte

❦

BRUXELLES ET PARIS
LIBRAIRIE NATIONALE D'ART ET D'HISTOIRE
G. VAN OEST & Cie, ÉDITEURS
—
1919

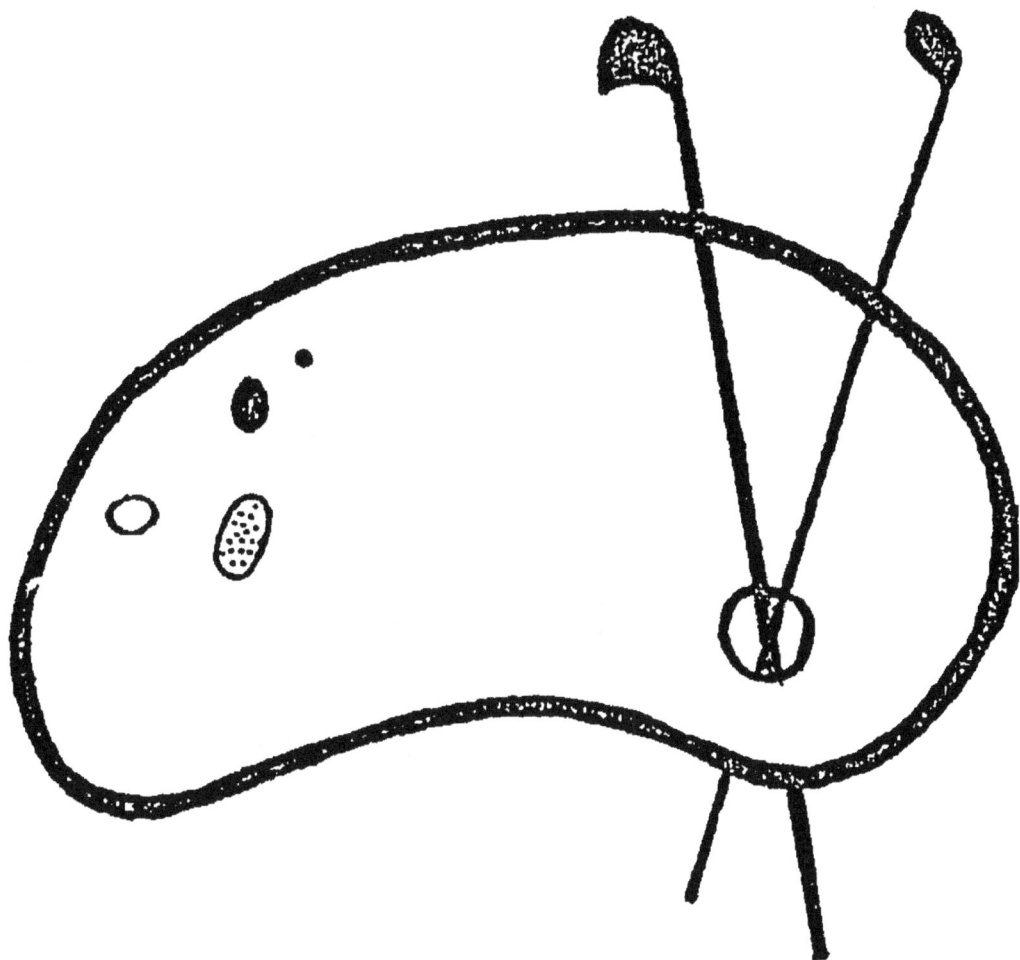

FIN D'UNE SERIE DE DOCUMENTS
EN COULEUR

LA BELGIQUE

CHAMP DE BATAILLE DE L'EUROPE

MACON, PROTAT FRÈRES, IMPRIMEURS

LA BELGIQUE
CHAMP DE BATAILLE DE L'EUROPE

PAR

A. DE WINTER

MAJOR D'INFANTERIE, ADJOINT D'ETAT-MAJOR

Ouvrage orné de 4 cartes hors texte

« La souffrance en commun unit
plus que la joie. En fait de souvenirs nationaux, les deuils valent
mieux que les triomphes ; car ils
imposent des devoirs ; ils comman-
dent l'effort en commun. »

RENAN, *Qu'est-ce qu'une nation ?*

BRUXELLES ET PARIS
LIBRAIRIE NATIONALE D'ART ET D'HISTOIRE
G. VAN OEST & Cie, ÉDITEURS

—

1919

LA BELGIQUE
CHAMP DE BATAILLE DE L'EUROPE

AVANT-PROPOS

De toutes les régions de l'Europe, il n'en est sans doute aucune qui, aussi souvent que la Belgique, ait été ravagée par la guerre ou ait retenti du fracas des armes.

Dépourvue de frontières naturelles, d'accès facile, couverte d'un réseau toujours plus serré de voies de communication, elle a été, de tout temps, le grand chemin des armées.

Aux origines de son histoire, César la traverse pour aller combattre en Germanie. Dix-neuf siècles plus tard, l'axe de mouvement de la masse principale allemande est l'antique voie romaine de Tongres à Bavay.

Dans l'entre-temps, l'invasion a déferlé du Nord comme du Sud, de l'Est comme de l'Ouest.

Depuis le début du XVIᵉ siècle, aucune guerre, à part celle de Trente ans et celle de Sept ans, n'a éclaté en Europe sans que les Pays-Bas n'en subissent le contre-coup. Ils furent toujours envahis, mis à contribution, ravagés ; et quand la paix venait à se faire, ce fut à leurs dépens.

Située aux confins de deux races rivales, à mi-distance de leurs points vitaux : Cologne et Paris, c'est dans notre patrie que ces races ont coutume de se donner rendez-vous pour se mesurer.

« Excepté en 1870, disait le général von Schlieffen, ancien chef de l'état-major allemand, tous les conflits entre l'Allemagne et la France se sont résolus en Belgique. »

« L'envahisseur, vainqueur à Mons, peut coucher au Louvre », a écrit Chateaubriand.

Carrefour du commerce mondial, la Belgique n'est pas seulement le pôle vers lequel convergent les grands courants économiques, elle est aussi l'appoint qui rompt l'équilibre des grandes puissances européennes, ainsi que l'enjeu de leurs luttes pour la prépondérance dans l'Ancien Monde.

Aussi Thiers disait-il en 1831 : « En Belgique, « il y a une portion de frontière que ni l'Angleterre, ni l'Allemagne, ni la France ne veulent « se céder : ce sont les rivages de l'Océan et l'embouchure des principaux fleuves d'Europe. »

Aussi Léopold Ier écrivait-il à la reine Victoria, le 2 juin 1838 : « L'existence indépendante des « provinces qui forment mon royaume a toujours « été une question importante pour l'Angleterre. « La preuve la plus claire en est que, pendant

« des siècles, la Grande-Bretagne a fait, dans ce
« but, les plus grands sacrifices d'hommes et
« d'argent. » Le premier roi des Belges rappelait
qu'en l'espace de cent cinquante ans, le roi
Charles II, la reine Anne, Chatham et Pitt avaient
successivement pris les armes pour empêcher que
l'occupation de nos provinces rompît l'équilibre de
l'Europe.

De telles circonstances de terrain, de situation
et d'intérêt ont fait de la Belgique un champ de
bataille prédestiné, un nœud de compétitions
internationales, un instrument et un objet des
appétits impérialistes.

On comprend donc que les faits de guerre dus
aux grandes luttes des peuples soient nombreux
dans l'histoire de notre pays.

Ceux du XVIᵉ, du XVIIᵉ et du XVIIIᵉ siècle viennent
immédiatement à l'esprit. L'attention est, en effet,
particulièrement attirée par les grandes péripéties
au travers desquelles l'Europe s'achemina vers
une certaine stabilité. Mais il n'y a pas que ces
événements, et il est d'autant plus utile de le rap-
peler que si le peuple belge joua un simple rôle de
comparse dans les conflits de la période moderne,
sa part d'action fut bien plus considérable à
d'autres moments de l'histoire.

Dans l'évocation des grandes guerres de la période
moderne, la pensée s'attarde parfois aux ravages
qu'elles causèrent en Belgique ; elle s'arrête peu
ou point aux actes du peuple pendant ces siècles
de crise. Ainsi fait volontiers l'étranger.

La nation en a souffert bien plus que le sol.

En 1815, à l'issue de ces grandes guerres, lors du congrès de Vienne, la Belgique n'était, aux dires de certains, « qu'une colonie banale de tous les royaumes », « un rassemblement de provinces où tous les chevaux d'Europe avaient brouté ».

On ne pouvait contester plus ouvertement la persistance de son individualité historique, suspecter son peuple de ne pas posséder l'âme d'une nation.

Son crédit s'en ressentit longtemps.

Quatre-vingts ans après la reconnaissance de son indépendance, celle-ci était encore considérée par certains comme une improvisation de la diplomatie plutôt que comme le terme d'une évolution conduisant le peuple à sa pleine expansion nationale.

« Jadis, écrivait en décembre 1914 un collabo-
« rateur du *Times* au retour d'un voyage à tra-
« vers le pays envahi, jadis un voyageur aurait
« pu penser à peine que la Belgique avait une
« homogénéité patriotique. Elle semblait la
« chambre de chauffe d'une fabrique dont la
« nationalité était un produit artificiel de la diplo-
« matie européenne. Après cinq mois d'occupa-
« tion allemande, personne n'aurait pu s'étonner
« si ces ouvriers économes, ces fabricants, ces
« fermiers et ces commerçants avaient baissé la
« tête devant César, soumis en apparence. Rien
« de cela ne s'est produit. La Belgique montre

« une unité inébranlable dans son hostilité envers
« le gouvernement allemand. Qu'il ait été
« latent depuis toujours ou qu'il soit né après les
« horreurs de Louvain, le sentiment national des
« Belges est aujourd'hui un fait. »

Le sentiment national des Belges n'est pas le
fruit occasionnel des horreurs de Louvain. Dans
l'hypothèse où il l'aurait été, l'exposé des vicissi-
tudes qu'a traversées la Belgique contribuerait sin-
gulièrement à reporter au loin l'origine de ce sentiment. A ce point de vue, le résumé de l'histoire
de tous les faits de guerre en Belgique serait donc
déjà une œuvre féconde.

Mais l'intérêt d'un tel travail ne se limite
pas là.

Certes, il est dû à la vérité de reconnaître que,
depuis l'occupation espagnole jusqu'à la fin de
l'occupation française, les expansions de l'âme
nationale ne se sont manifestées que par inter-
mittences trop largement espacées pour qu'elles
parussent à des yeux étrangers les révélations
d'une énergie persistante et silencieuse.

Si rares qu'elles soient cependant, ces traces
d'existence enchaînent la période éclatante d'au-
tonomie communale à la période actuelle.

« Pour supposer que les Belges ne résisteraient
« pas à l'attaque de 1914, écrit M. H. Charriaut,
« qu'ils laisseraient fouler aux pieds leur sol et
« leur honneur à la fois, il fallait ne pas con-
« naître l'histoire de la Belgique, l'héroïsme des

« bourgeois de Gand, de Bruges, d'Ypres, la
« bataille de Courtrai, les défenses de Liége, la
« ténacité des communiers flamands, l'intrépidité
« de l'infanterie wallonne, le jugement que portait
« Napoléon Ier sur les régiments flamands et les
« chasseurs wallons de la Garde, qui s'illus-
« trèrent à Wagram, à la Moskowa et en
« Espagne... C'était la lutte du pot de terre
« contre le pot de fer. L'acceptation du devoir
« n'en fut pas moins spontanée. Le devoir, c'était
« la résistance. On résisterait. »

Et plus loin :

« Par son geste de révolte, la Belgique a affirmé,
« comme le voulait Auguste Comte, que nul n'a
« d'autre droit que de faire toujours son devoir.
« Du jour où son territoire a été violé, elle a repré-
« senté plus que le droit à la vie ; elle a repré-
« senté la conscience de tous les peuples. »

Le mouvement de révolte de 1914, l'acceptation
du devoir nécessaire, l'affirmation d'une conscience nationale ont des précédents dans l'histoire de notre pays. Dégager ces précédents de
l'oubli, c'est montrer que les gestes de la Belgique en 1914 ne sont que les réactions d'une
même âme toujours sensible aux mêmes impul-
sions.

En mai 1382, Gand était en lutte ouverte contre
le roi de France. La ville, isolée et affamée, se
trouvait en outre sous la menace de l'armée du
comte Louis de Maele.

Philippe van Artevelde réunit alors les métiers :
« Bonnes gens de Flandre, leur dit-il, il ne
« nous reste qu'à faire de trois choses l'une. La
« première, de nous enclore dans la ville, enterrer
« nos portes, confesser nos péchés et nous bouter
« en nos églises et couvents pour mourir là repen-
« tants. La seconde, d'aller crier merci, la hart
« au col, nu-pieds et nu-tête à monseigneur de
« Flandre ; moi, tout le premier, présenterai ma
« tête et veux bien mourir pour l'amour de ceux
« de Gand. La troisième, d'élire cinq ou six
« mille de nos meilleurs hommes et d'aller quérir
« hâtivement le comte à Bruges et le combattre.
« Si nous mourons en ce voyage, ce sera honora-
« blement et Dieu aura pitié de nous, et le monde
« aussi. Et dira-t-on que, vaillamment et loyale-
« ment, avons soutenu notre querelle. Or, regardez
« laquelle de ces trois choses vous voulez tenir ? ».
— La troisième, cria le peuple.

Le 3 mai au matin, l'armée du comte, deux fois
plus nombreuse et composée d'hommes d'armes
aguerris, était enfoncée à Beverhout.

Deux siècles et demi plus tard, en 1635, la
France et la Hollande escomptant l'abattement du
moral des Belges, leur donnèrent le choix entre
une demi-indépendance et le démembrement.

Les troupes nationales étaient dans un état
lamentable. Négligées par le roi d'Espagne, leurs
effectifs étaient dérisoires ; leur solde, réduite ;
leurs cadres supérieurs, systématiquement confiés

à des étrangers. Il n'existait plus que « des reliques d'armée dont une partie était malade et l'autre découragée ». Pourtant, lors de la trahison du comte de Bergh, aucun régiment ne fit défection.

Les alliés firent alors appel à l'insurrection.

L'occupation espagnole avait été néfaste pour nos provinces, à peine sorties des ruines des guerres de religion. « La Flandre et le Brabant « qui payaient auparavant à eux deux autant « d'impôts que les quinze autres provinces réu- « nies », avaient été dépeuplés et dévastés au point que le « jardin de l'Europe » n'était plus cultivé faute de bras et que les loups erraient dans les champs en friche.

L'armée des États voulut empêcher la jonction d'une armée française venue des Ardennes avec une armée hollandaise réunie sous Maestricht. Elle accepta, à Avins-en-Condroz, le combat contre des forces françaises deux fois supérieures. Elle y fut écrasée ; 6.000 hommes restèrent sur le champ de bataille.

Les coalisés se réunirent à Maestricht ; 50.000 hommes marchèrent sur le Brabant. La menace était terrible et les moyens de défense extrêmement précaires. Néanmoins, le peuple ne fléchit pas ; il accepta la lutte. Tirlemont, som- mée de capituler, résista, fut prise d'assaut et affreusement saccagée. L'exemple n'intimida point Louvain. Les nobles, les étudiants, les ouvriers se joignirent à la garnison, combattirent à ses côtés

et repoussèrent toutes les attaques. L'ennemi
perdit courage devant cette indomptable fidélité et
renonça à pousser sur Bruxelles. Il battit en
retraite.

Les gestes du peuple belge devant la sommation et l'invasion allemandes sont-ils si différents
des épisodes de son passé ? Et n'est-ce pas la
même famille spirituelle qui puisse se prévaloir
des uns comme des autres ?

Ceux qui s'étonneront de la torpeur dans laquelle
vécut cette famille pendant trois siècles en trou-
veront l'explication dans une autre aspiration
caractéristique de la nation : la poursuite de l'illu-
sion généreuse de la neutralité volontaire.

Cette aspiration est de toutes les phases de
notre histoire, voire de celles où la puissance des
comtes et des communes égalisait les chances de
la guerre. Les comtes de Hainaut au xiiᵉ siècle,
les ducs de Brabant et les Liégeois au xiiiᵉ, Philippe van Artevelde au xivᵉ ont tour à tour tenté
de faire admettre ce principe et ce n'était ni la
timidité, ni la soif d'une paix à tout prix qui les
guidait.

Il s'agissait plutôt d'une conception politique,
assurément prématurée, mais qui n'impliquait
nulle capitulation devant la menace. Les Belges
n'avaient aucune visée de conquête ; ne convoitant
rien chez leurs voisins, ils leur demandaient un
désintéressement réciproque.

Malheureusement, l'Europe n'était point pré-

parée à de tels pactes. En 1388, déjà, les villes
de Flandre en firent l'expérience ; Philippe le Bel
qui, le 13 juin, s'était engagé à ne pas mener la
guerre en Flandre et avait confirmé sa promesse
en décembre, occupait par surprise Dixmude le
mois suivant.

Plus tard, pendant la période moderne, tout
enfiévrée par une politique d'annexions, l'anti-
nomie s'accentua encore. Les Belges se renfermèrent dans une sorte de résignation fataliste.

Leur indifférence, pendant que leur sol passait
de main en main, fit croire à la fin de leur peuple.
Leurs protestations manquaient, il faut le dire,
d'un complément indispensable, surtout en cette
ère où le droit était la volonté du plus fort : les
sacrifices volontairement consentis, les actes par
lesquels ils fussent reconnus dignes, suivant les
idées du moment, du droit dont ils se récla-
maient.

Le sentiment national n'était pourtant point
mort ; il attendait passivement que la justice vînt.

Une force secrète agissait sur l'esprit du peuple,
sinon la Belgique eût sombré lors des guerres de
religion au xvie siècle ou lors des rivalités franco-
espagnoles au xviie.

C'est cette force qui agrégeait dans les régiments nationaux, autour d'un idéal d'honneur
commun, les cœurs plus ardents, plus avides
d'action. « Nous sommes ici à défendre l'honneur
« du régiment et de la nation ; de quoi nous vous

« donnerons des preuves », disaient à leur colonel, le 26 février 1716, les gardes wallonnes au service de l'Espagne ; et les régiments de Flandre, de Hainaut, d'Anvers et de Namur moissonnèrent la gloire en Italie, en Portugal, en Sicile et en Afrique.

La torpeur de la nation belge, en cette période sombre, n'a été que l'assoupissement du sens des réalités. Elle avait vécu dans le mirage des temps trompeurs, toujours à venir, du respect du droit des petites nations, dans la crédulité que le sentiment du droit était capable de remplacer un bon armement. Son erreur avait été d'avoir la foi sans les œuvres et d'avoir réclamé la justice en refrénant « le frémissement sacré des heures héroïques ». Il n'y avait là qu'un défaut d'activité, non un manque de vie. 1789 et 1830 furent moins les prodromes d'une résurrection que les étapes d'une conversion.

Les quatre-vingts années de paix et de prospérité du royaume ne préparaient point les Belges à affronter d'un élan unanime la toute-puissance de l'Allemagne.

S'ils en ont trouvé la force, c'est dans cet héritage de gloires et de regrets qu'on trouve dans le passé et qui, dit Renan, forme le capital social sur lequel on assied une idée nationale.

CHAPITRE PREMIER

LES PREMIÈRES INVASIONS

Les premiers moments de l'histoire de notre pays sont ceux de la généralité des territoires de la Gaule.

Vers le ve siècle avant J.-C., une immense migration de peuplades de race celte partit du centre de la Germanie et rayonna vers l'Espagne, l'Italie, la Grèce et l'Asie Mineure. C'est pendant cette migration qu'un groupe, appelé Belg, passa le Rhin et s'étendit jusqu'à la Seine et à la Marne. La grande famille qu'il formait comprenait des tribus qui, vers la fin du IIe siècle avant J.-C., passèrent la Manche et s'établirent en Grande-Bretagne.

Le monde celtique dura environ 300 ans, puis fut l'objet de réactions multiples. D'abord, les Carthaginois refoulèrent les Celtes d'Espagne; puis, les Romains les battirent en Italie, en Asie Mineure et dans les Balkans. Enfin, en 121 avant J.-C., le consul Fabius Maximus les vainquit sur le Rhône et conquit la Gaule transalpine.

A l'époque de Jules César, le monde celtique se rétrécissait chaque jour, étouffé entre l'empire romain en plein développement et la Germanie naissante. Le rôle historique de la Belgique commence dès ce moment.

En 107 avant J.-C., une horde germaine, les Cimbres et les Teutons, envahit la Gaule et, l'ayant ravagée, s'avança vers le Sud. La résistance des Belges donna aux Romains le temps de reprendre Toulouse et de refouler ensuite les barbares. Mais ceux-ci reparurent en Provence et en Italie; ils y remportèrent des succès écrasants; ils furent enfin anéantis par Marius.

Cependant l'invasion germanique ne fut qu'enrayée par cette victoire. Paralysées par leurs dissensions, les nations celtiques se montraient impuissantes à lui tenir tête; bien pis, une rivalité entre Gaulois avait attiré le fléau au cœur du pays. Tyrannisés par les Éduens, peuplade qui habitait la région de la Saône, les Séquanes implorèrent le secours du chef germain Arioviste. Celui-ci réduisit les Eduens et les rançonna, tout aussi bien que les Séquanes.

Cette facile et fructueuse conquête éveilla l'appétit de la Germanie entière. Ses peuples se massèrent sur tout le cours du Rhin, menaçant de rejeter sur la Provence et l'Italie les peuples celtiques, mal préparés à contenir le torrent. Une intervention romaine s'imposait.

En 58 avant J.-C., César refoula à Besançon les Helvètes précipités hors de leur territoire par l'invasion des Suèves; puis il défit Arioviste et le poursuivit jusqu'au Rhin.

Les peuplades belges s'inquiétèrent de voir à leurs portes les Romains en armes tout aussi bien que les Germains. La coalition qu'elles voulurent former ne vécut pas. Elle fut dissoute dès les premiers chocs.

En 57, César battit les Bellovaques à Pontavert, sur l'Aisne, et prit Soissons, puis Beauvais. L'armée celte se désagrégea. Seuls, les Nerviens, unis aux Véromanduens et aux Atrébates, livrèrent sur la rive de la Sambre, près de Maubeuge, une bataille acharnée où ils se firent tuer jusqu'au dernier. César assiégea alors Namur, s'en empara, soumit les Aduatiques, mais ne put réduire les nations du nord de la Belgique : les Ménapiens et les Morins.

L'année suivante, une nouvelle campagne contre ces peuples échoua, les pluies d'automne ayant rendu la région impraticable.

Mais les Ménapiens n'avaient échappé à César que pour courir un autre danger. Les Teuchtres et les Usipètes, tribus germaines, avaient passé le Rhin et se répandaient dans la contrée ; ils atteignaient la Meuse aux environs de Liége. César les attaqua, les rejeta vers l'Est, franchit le Rhin derrière eux et les poursuivit jusque chez les Sicambres, entre la Lippe et la Sieg. Les Ménapiens et les Morins se soumirent à son retour.

La Belgique n'était pourtant pacifiée qu'en apparence.

En 55, une insurrection éclata chez les Éburons.

Sabinus et Cotta, campés à Tongres, furent attirés dans une embuscade par Ambiorix ; leur armée fut entièrement détruite. Les Aduatiques et les Nerviens se jetèrent alors sur le camp de Cicéron, à Strythem, près d'Assche, et l'assiégèrent sans succès. Enfin les Trévires se soulevèrent. Mais César, prévenu, dégagea Cicéron ; et Labienus, dans une sortie heureuse, dispersa près de Revin les Trévires dont le chef, Indutiomar, fut tué dans le combat.

Le mouvement paraissait vaincu. César ne s'y trompa pas ; il voulut l'étouffer pour toujours. Au printemps de l'an 53, il fondit à l'improviste sur les Nerviens, ravagea leurs campagnes et les força à capituler. Puis, il incendia les forêts des Ménapiens, battit les Trévires à Flamierge, passa une seconde fois le Rhin pour effrayer les Germains et se rabattit sur l'Éburonie, vouée à l'extermination. La région fut transformée en désert.

La grande insurrection belge fut ainsi vaincue.

Néanmoins, dans les années qui suivirent, les Nerviens figurèrent encore au siège d'Alésia et les Trévires se révoltèrent une fois de plus contre Labienus.

En 51 avant J.-C., la soumission est achevée. Quelques secousses, des insurrections locales dans les Ardennes ébranleront encore la Gaule Belgique sous Tibère, Néron et Vespasien ; puis, son histoire sera longtemps vide d'événements.

Les invasions recommencèrent vers la fin du
IIIᵉ siècle, époque où les Francs passèrent le Rhin
et s'étendirent sur la rive gauche de ce fleuve
depuis son embouchure jusqu'en Hainaut. Constance Chlore les combattit en 292 et les cantonna
entre le Rhin et la Meuse. Julien les attaqua à
son tour en 356, les battit et entra à Cologne où
il traita avec eux ; il en fit les gardiens de la frontière.

L'invasion de 406 (Alains et Vandales) dut les
culbuter pour pénétrer en Gaule. Une première
bataille sanglante fut un succès pour les Francs.
Mais les Alains renforcèrent les Vandales et les
Francs succombèrent sous le nombre. Amiens,
Arras, Thérouanne et Tournai furent détruites
(407).

A la suite de la masse émigrante, une nuée de
Saxons, de Hérules, de Sarmates se ruèrent en
Gaule sans autre but que le pillage et ravagèrent
le Nord pendant que les autres dévastaient le Midi.
Ils emmenèrent en captivité tant de Belges que
« des cités, dit un contemporain, furent transfé-
rées en entier en Germanie ».

La puissance des Francs se releva bientôt. Les
deux grandes tribus dont ils se composaient : les
Saliens en Flandre et Brabant, les Ripuaires dans
la vallée de la Meuse et les Ardennes, cherchèrent
à s'étendre vers le sud. En 431, conduits par Clo-
dion, ils traversèrent la forêt charbonnière, prirent
Tournai et Cambrai. Ils atteignirent même la

Somme. Refoulés d'abord à Hesdin, ils revinrent à la charge et furent défaits à Lens par Aetius.

Les Huns apparurent peu après. Ils enlevèrent Trèves, détruisirent Tongres et désolèrent le pays (450). Leur occupation fut locale et temporaire. En 451, l'armée alliée des Romains, des Francs et des Wisigoths les battit à Mauriac et en débarrassa la Gaule. Cette bataille fut la dernière manifestation de la puissance romaine en Belgique.

Le préfet des Gaules, Ægidius, reprit un moment l'autorité ; mais son successeur Syagrius, battu à Soissons par Clovis (486), céda définitivement la Gaule au vainqueur. Celui-ci étendit bientôt son pouvoir jusqu'à la Loire.

Les Allamans crurent alors le moment propice à une intervention. Ils réclamèrent une part de la Gaule et passèrent le Rhin. Clovis les écrasa à Tolbiac (496) et les poursuivit jusqu'au Danube.

C'est le premier refoulement des envahisseurs. Il procure à la Belgique deux siècles de calme. Les querelles entre les fils de Clotaire, la lutte entre l'Austrasie et la Neustrie se règlent au loin jusqu'en 716, moment où les ennemis de l'Austrasie profitèrent, pour l'attaquer, des contestations auxquelles donna lieu la succession de Pépin de Herstal.

Charles Martel, fils de Pépin, fut d'abord battu à Cologne pendant que les Frisons et les Saxons envahissaient le pays. Mais il reprit bientôt l'avantage et défit les Neustriens sur l'Amblève puis à Vincy (717). Se retournant alors vers les Saxons,

les Bavarois et les Frisons, il les refoula et porta
la guerre en Germanie.

Le péril des invasions germaniques, ainsi éloi-
gné de notre pays, fut ensuite écarté pour longtemps par Pépin le Bref et Charlemagne dont les
expéditions au delà de l'Elbe parachevèrent l'œuvre
de Charles Martel.

Mais l'anarchie qui régna sous les successeurs
du Grand Empereur exposa la Belgique à de nouvelles et cruelles épreuves.

Vers 810, déjà, les Normands avaient fait leur
apparition sur les rivages de Belgique. Leurs
grandes expéditions ne commencèrent toutefois que
sous le règne de Louis le Débonnaire.

Ils s'assurèrent d'abord les bouches du Rhin, de
la Meuse et de l'Escaut ; puis ils firent de l'île de
Walcheren une place d'armes d'où rayonnèrent
leurs expéditions. Ils ravagèrent la Belgique pendant cinquante ans. Anvers, Malines, Gand, Alost,
Harlebeke, Deynze, Courtrai, Tournai, Ypres,
Thourout, Furnes, Lobbes, Estinnes, Saint-Trond,
Tongres, Liége furent plusieurs fois dévastées au
cours de ce demi-siècle.

La Belgique dut à ses habitants mêmes la déli-
vrance de ce fléau. La réaction commença en
Flandre où le comte Baudouin Bras de Fer épou-
vanta les Normands par la sévérité de ses répres-
sions. Ils évitèrent dès lors les territoires de l'Escaut.

La vallée de la Meuse fut plus longtemps désolée. Louis le Jeune remporta sur les Normands un succès éphémère à Thuin en 880 ; il n'en put débarrasser le pays. Charles le Gros tenta une expédition en 889 ; il fut battu près de Maestricht.

Sur ces entrefaites, les Normands installèrent entre Louvain et Malines un camp d'où ils défièrent toutes les attaques. Malgré un échec à Fauquemont en 890, les Belges, groupés sous les ordres d'Arnould de Carinthie, duc de Lotharingie, donnèrent l'assaut au camp de Louvain et l'emportèrent (892). Seize étendards normands furent pris après un terrible massacre. Les survivants gagnèrent Anvers et disparurent. La colonie normande des Pays-Bas était exterminée.

La dernière invasion barbare fut celle des Hongrois. Elle ne fut pas la moins atroce.

Appelés par Conrad de Franconie, les Hongrois apparurent en Belgique en 954. Repoussés devant Maestricht, ils se répandirent en Hesbaye qu'ils dévastèrent d'un bout à l'autre. Ils atteignirent même Cambrai qu'ils assaillirent sans résultat. Ils se retirèrent ensuite en Allemagne, emportant ou anéantissant tout ce qui avait été épargné par les Normands.

Pendant cette longue période des invasions barbares, alors que les destinées des peuples de l'Europe s'estompent à peine, les traits essentiels de l'histoire future de la Belgique apparaissent déjà avec une netteté suggestive.

L'invasion lui est venue des quatre points cardinaux. Ses habitants, Celtes ou Francs, se sont attachés à son sol et l'ont défendu contre le Romain aussi opiniâtrement que contre le Germain. Un pouvoir puissant, tel celui de Clovis, de Charles Martel, de Pépin le Bref ou de Charlemagne lui a épargné la guerre ; dès que ce pouvoir a fléchi, l'ennemi a frappé à ses portes. Enfin, c'est chez elle que s'est réglé le sort de l'invasion normande, dans la région qui englobe actuellement, outre son territoire propre, le nord de la France, la Hollande et la Prusse rhénane.

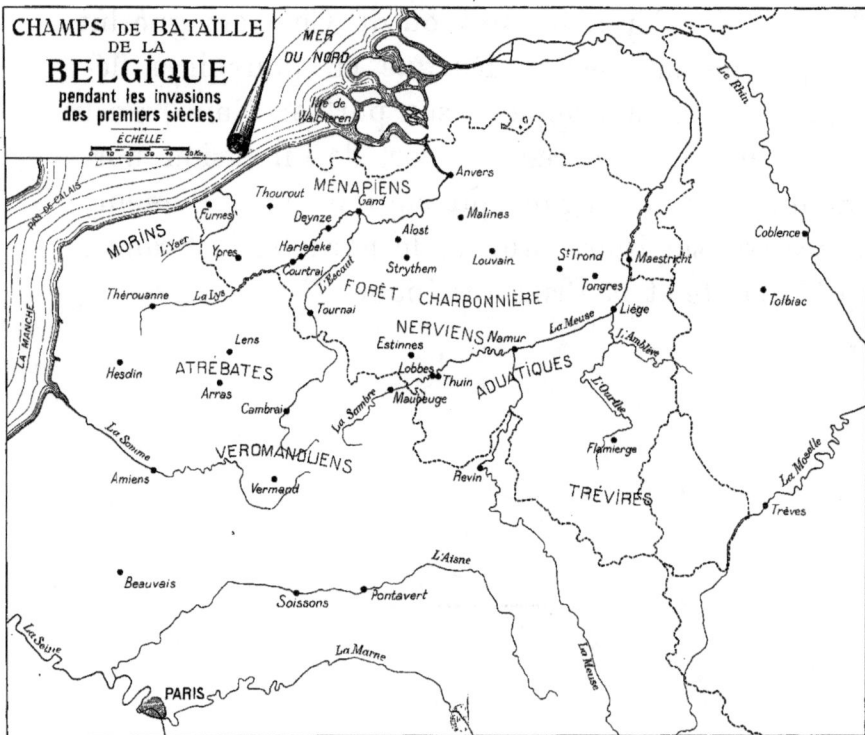

CHAMPS DE BATAILLE
DE LA
BELGIQUE
pendant les invasions
des premiers siècles.

ÉCHELLE.
0   10   20   30   40   50 Km.

MER
OU NORD

Île de
Walcheren

PAS DE CALAIS

MORINS

L'Yser

Furnes

Thourout

MÉNAPIENS

Gand

Anvers

Deynze

Alost

Malines

Ypres

Harlebeke

Strythem

Louvain

St Trond

Maestricht

Coblence

Courtrai

L'Escaut

FORÊT CHARBONNIÈRE

Tongres

Tolbiac

Thérouanne

La Lys

Tournai

Liége

La Meuse

LA MANCHE

Lens

NERVIENS

Namur

J. Ambiève

Hesdin

ATRÉBATES

Estinnes

Lobbes

Thuin

AQUATIQUES

L'Ourthe

Arras

La Sambre

Maubeuge

Cambrai

La Somme

VEROMANDUENS

Vermand

Revin

Flamierge

TRÉVIRES

La Moselle

Amiens

Trèves

Beauvais

L'Aisne

Soissons

Pontavert

La Seine

La Marne

La Meuse

PARIS

E.GOELEN

CHAPITRE II

LES CONFLITS DE LA PÉRIODE FÉODALE ET COMMUNALE

La seconde moitié du moyen âge fut particulièrement agitée en Belgique.

Aux causes de guerre inhérentes au régime féo-
dal même, se joignent les actes d'indépendance
des princes belges vis-à-vis de leurs suzerains, les
crises d'évolution des différents comtés cherchant
un équilibre politique, la soif d'émancipation des
communes, les conflits sociaux, les rivalités des
villes et l'instinct batailleur de la population.

L'examen des innombrables querelles particu-
lières qui se réglèrent à main armée pendant cette
période sort du cadre de cette étude.

Dès le xe siècle, elles avaient une telle acuité que
le biographe de Saint-Ursmer écrivait : « Nous
arrivâmes près de Statezeele en un endroit où les
discordes étaient si profondes qu'il n'y avait point
de gens qui n'eussent à pleurer un père, un frère ou
un fils. »

La justice expéditive des comtes de Flandre
et en particulier de Baudouin à la Hache, fit régner
quelque calme dans la région de l'Escaut ; mais les
querelles perdurèrent dans le reste du pays.

En 1272, la guerre de la Vache désola, pendant deux ans, le Condroz et la Hesbaye. La cause en était futile : un paysan de Jallet qui avait vendu à Andenne une vache volée à Ciney, avait été attiré hors de la ville et pendu par le bailli de Condroz.

Non moins caractéristique fut la guerre des Awans et des Waroux provoquée par le mariage d'Adèle Poret, du village d'Awans, avec le seigneur de Waroux. Elle dura 37 ans (1297-1335) et amena la destruction des villes et villages de Slins, Loncin, Verlaine, Ouffet, Warzée, Donmartin, Fize-Fontaine, Wandre, Huy, Velroux, Waroux et Lantin, ainsi que la ruine de la noblesse liégeoise, si nombreuse et si puissante.

En 1431, une querelle éclata entre les Dinantais et leurs voisins le comté de Namur. Les Dinantais attaquèrent et démolirent le château de Fort-Beau. En représailles, les Namurois pillèrent à plusieurs reprises Havelange, Fosses et Florennes. Les hostilités s'étendirent en Hesbaye : Golzinne, Wasseiges, Meerdorp, Branchon et 300 hameaux ou grosses fermes furent brûlés.

Le sort de certaines localités fut misérable en cette ère de troubles.

Brusthem, par exemple, fut saccagé par les habitants de Saint-Trond en 1085 sous Henri de Verdun ; en 1170 sous le comte de Looz « qui risqua d'y être pris comme merle en cage » ; en 1178 et 1376. En 1440, pour venger l'enlèvement d'une lingère, les Liégeois le rasèrent. Il fut de nouveau détruit en 1489 lors de la répression des brigandages du sanglier des Ardennes.

Malgré les maux qu'elles entraînèrent, ces violences ne furent pas inutiles. Elles donnaient du poids au dicton célèbre : *Qui entre dans le Hesbain est combattu le lendemain*. L'étranger n'ignorait pas que ce n'était point là de vaines paroles.

Les questions de succession donnèrent lieu à des guerres nombreuses.

Au XIᵉ siècle et pendant la première moitié du XIIᵉ siècle, le titre de duc de Lotharingie, titre très affaibli mais très recherché à cause des privilèges qui y étaient rattachés, mit plusieurs fois les princes belges aux prises. L'un après l'autre, les comtes de Flandre, Baudouin le Barbu et Baudouin de Lille, le comte Lambert de Louvain, les ducs Waleran et Henri de Limbourg le briguèrent.

La puissance des princes belges s'affirma dès le principe.

En 1007, quand Baudouin le Barbu voulut s'emparer du titre, l'empereur d'Allemagne, le roi de France et le duc de Normandie se liguèrent contre lui. Baudouin leur tint tête, prit les devants et enleva Valenciennes. L'armée impériale pénétra en Flandre et la ravagea ; sa marche fut « comme l'invasion des sauterelles en Egypte ». Le comte, enfermé dans Gand, y repoussa toutes les attaques.

Les empereurs d'Allemagne ne furent pas plus heureux en 1056 à propos du mariage de Richilde de Hainaut avec le comte de Flandre, ni en 1102 contre Henri de Limbourg. Dès lors, ils intervinrent peu dans les affaires belges pendant les trois siècles qui suivirent.

Dans l'entre-temps, le développement des différentes principautés avait pris un essor considérable et la valeur du titre honorifique de duc de Lotharingie était devenue très inférieure aux avantages matériels de la possession d'un comté. Aussi les ambitions des princes s'orientèrent-elles vers des tentatives d'unification territoriale, tentatives que rendait particulièrement propices le décès de l'un d'eux.

La succession de Flandre fut ainsi contestée en 1071, en 1119, en 1127, en 1194, en 1246 ; celle de Hainaut en 998, en 1246, en 1424 ; celle de Namur en 1196 et en 1229 ; celle de Limbourg en 1283 ; celle de Looz en 1363 ; celle de Gueldre en 1492.

Des engagements multiples, souvent violents, résultèrent de ces contestations. En 1071, Richilde de Hainaut voulut s'emparer de l'autorité en Flandre. Les Flamands, conduits par Guillaume le Frison, lui livrèrent la bataille de Cassel « où fut fait tel massacre que la terre fut arrosée de sang et les champs couverts de la multitude des occis » (20 février 1074). Richilde y fut faite prisonnière, et son fils tué.

En 1283, Adolphe de Berg céda à Jean Ier, duc de Brabant, ses droits sur le Limbourg. L'arche-

vêque de Cologne lui opposa le comte de Gueldre.
Jean y trouvait une occasion heureuse de s'assurer
la route des caravanes qui reliait Anvers aux
villes du Rhin. Après deux ans d'alternatives et
de combats dans le Limbourg, autour de Maestricht
et dans la région de Herve, une trêve fut conclue.
Elle fut rompue en 1287. Jean Ier, appelé par les
bourgeois de Cologne qui lui rappelaient que le
droit de garder le chemin entre la Meuse et le
Rhin appartenait au duc de Limbourg, marcha
vers le Rhin. Son armée se composait de chevaliers
brabançons, appuyés par les milices de Louvain,
de Bruxelles, d'Anvers, de Jodoigne, de Tirlemont
et de Nivelles ; elle était inférieure à l'armée de
ses ennemis « où s'étaient bandées les forces de
la Germanie ». Les Brabançons remportèrent une
victoire éclatante après une bataille qui dura
une journée entière avec un incroyable acharnement.
Leurs chevaliers, rompus aux joutes et aux tour-
nois et habitués à évoluer avec ensemble, y chargèrent en ordre serré ; les milices semblaient « un
rempart bâti en hommes ». 1.100 chevaliers allemands restèrent sur le carreau.

Si les guerres de succession se firent plus rares
au XIVe et au XVe siècle, elles prirent en revanche
plus d'importance et tendirent à devenir des conflits
internationaux.

La succession de Charles le Téméraire en 1477
ramena en Belgique les armées françaises ; celle de
Marie de Bourgogne en 1482, les armées allemandes.

A la veille de la naissance de Charles-Quint, commença la guerre de succession de Gueldre. Elle dura 52 ans (1491-1543) et fut l'occasion d'interventions répétées du roi de France en Belgique.

L'humeur belliqueuse des princes ou leurs ambitions troublèrent encore la paix en dehors de ces circonstances.

Les comtes de Louvain et de Hainaut furent en guerre avec Godefroid d'Eename en 1015 ; le comte de Hainaut avec le comte de Flandre en 1137 et en 1183 ; le duc de Brabant avec le comte de Hainaut en 1170 et en 1180 ; avec les comtes de Namur et de Hainaut en 1185 ; avec les Liégeois en 1211 et en 1347 ; avec le comte de Flandre en 1333 et en 1356 ; le comte de Hainaut avec le comte de Namur en 1408.

Les conflits de 1180 causèrent de grands ravages dans la banlieue de Hal et la vallée de la Senne ; ceux de 1211, dans la Hesbaye et la vallée de la Gèthe.

Quant aux guerres de 1333 et de 1356, elles eurent pour objet la possession de Malines. La ville avait été vendue par Adolphe de la Marck au comte de Flandre. Mais les temps où l'on disposait ainsi des villes sans leur consentement étaient révolus. Malines fit appel au duc de Brabant. Appuyé par les finances des villes brabançonnes, celui-ci tint tête à une coalition de dix-sept princes, parmi lesquels se trouvaient, outre le comte de Flandre,

l'évêque de Liége, les comtes de Luxembourg, de
Loos, de Juliers, de Hollande et de Namur. Cette
coalition bloqua étroitement le duc qu'elle n'osa
attaquer sérieusement. Les Flamands prirent
Lippeloo et l'abbaye d'Affligem ; 500 cavaliers, en
pointe sur Bruxelles, tombèrent dans une embuscade à Schepdael et y furent décimés. Le duc, par
représailles, enleva Alost et ravagea le comté de
Loos. La coalition se dissocia en 1334.

Le comte de Flandre reprit néanmoins ses projets en 1356. Il s'empara de Malines et défit les
Bruxellois à Scheut. Bruxelles, qu'il occupa, fut
délivrée peu après par Everard T'Serclaes.

Les efforts des communes belges dans la conquête de leurs libertés politiques et économiques
furent semés des épisodes les plus marquants de
cette période de l'histoire nationale.

Ces efforts furent d'autant plus violents que la
féodalité seigneuriale était plus puissante, et d'autant
plus opiniâtres que les ferments d'émancipation
étaient plus vivaces. Leurs effets s'étendirent dans
l'espace et dans le temps ; car ces luttes, qui
eurent leur écho au delà de nos frontières, sau-
vèrent la nationalité belge. La principauté de
Liége leur dut de ne pas avoir le sort de celle
d'Utrecht, et la Flandre, celui de la Normandie, de
la Bourgogne ou de la Lorraine.

Les Liégeois s'agitèrent souvent, notamment en
1256, 1269, 1285, 1313, 1328, 1347, 1355, 1465,

1466, 1467 et 1468. Le Hainaut s'insurgea en 1350;
Bruxelles en 1306 et 1360 ; Malines en 1305 ; Louvain, en 1361, 1378, 1379 ; Bruges en 1302, 1325,
1379, 1436, 1484 et 1490 ; Gand en 1325, 1379,
1452 et 1490.

Les plus célèbres de ces luttes furent celles de
Bruges, de Gand et de Liége.

On sait quels furent les préludes des vêpres
brugeoises.

Gui de Dampierre qui avait voulu secouer la
suzeraineté du roi de France, fut battu par celui-
ci en 1297. Une armée française, forte de 10.000
cavaliers et de 60.000 fantassins, prit Lille et marcha sur Furnes ; elle enleva Haringhe, bravement
défendue, et rencontra les troupes de Gui de Dampierre, le 17 août, à Bulscamp. Dans le combat
sanglant qui se livra, 16.000 hommes furent tués
et le comte de Flandre, défait. Furnes fut mise à
sac le lendemain. Gui ne trouva pas, en ce moment
critique, l'appui des métiers flamands. Il perdit
Lille, Douai, Bruges, Damme et capitula en 1300,
en constatant tristement que « les privilèges et
franchises octroyés à ses bonnes villes lui avaient
peu valu ».

Le sentiment national s'excita pendant l'occupation étrangère.

En 1302, une insurrection éclata à Bruges. Les
Français furent chassés de la ville. Guillaume de
Juliers, avec les milices communales, s'empara du
château de Winendaele ainsi que de la ville de

Cassel, et vint assiéger le château de Courtrai.
Une armée française qui comprenait la fleur de la
chevalerie chercha à le dégager. Le 11 juillet, au
matin, elle attaqua les Flamands alignés derrière
le ruisseau de Groeninghe. Une lutte furieuse s'y
engagea. Jean Ferrand, porte-étendard de Flandre,
fut renversé cinq fois. Robert d'Artois qui commandait l'armée française, aperçut alors l'étendard,
voulut s'en emparer et, malgré les coups de
massue, en arracha un lambeau. Il fut désarçonné
et tué. Gui et Guillaume de Juliers firent avancer
les ailes de l'armée flamande, franchirent le
ruisseau et écrasèrent les Français. Soixante-trois
princes, ducs et comtes ; sept cents seigneurs
bannerets, onze cents nobles jonchèrent le champ
de bataille.

Le succès n'eut pas tous les fruits qu'on pouvait
en espérer. Si le sentiment national au XIVe siècle
était susceptible de grandes choses dans une explosion d'enthousiasme, il n'avait pas encore de racines
assez profondes pour résister à une épreuve de
quelque durée et survivre à un échec. En 1304,
après la bataille indécise de Mons-en-Pevèle, les
communes acceptèrent la paix d'Athies-sur-Orge.

Pourtant l'élan était donné. En 1325, une nou-
velle insurrection se produisit en Flandre occiden-
tale. Elle fut conduite par un marchand de poissons,
Nicolas Zannekin. Le comte de Flandre, Louis de
Nevers, fit appel au roi de France, Philippe de
Valois. Celui-ci rassembla « tout le pouvoir du

royaume de France » et vint camper devant l'armée flamande à Scoudebroek, près de Cassel (1328). Zannekin avait sous ses ordres 16.000 hommes. Les deux armées s'observèrent pendant trois jours ; puis les Français lancèrent dans le plat pays, vers Bergues et Bourbourg, des partis qui ravagèrent la région. Les Flamands saisirent l'occasion pour surprendre le camp ennemi. Ils n'y réussirent point, se formèrent en cercle et résistèrent longtemps avant de succomber.

Le roi ne profita pas immédiatement de la défaite des communiers. Il resta enfermé dans sa tente, victorieux mais effrayé et pénétré d'admiration « pour ces vilains qui combattaient comme des chevaliers et mouraient comme des héros ».

Les luttes de l'insurrection de Gand en 1379 ne furent pas moins sauvages, ni grandioses. La vie de ce peuple de travailleurs était « une tempête continuelle où éclatèrent, à côté de manifestations d'une puissance physique désordonnée, une prodigieuse force morale et des vertus héroïques ».

Pour se venger du comte, qui avait lésé leurs intérêts, les Gantois détruisirent son château de Wondelgem. Ce fut comme un signal ; toute la Flandre se souleva. Tournai elle-même était de cœur avec les Flamands.

Soixante mille communiers allèrent assiéger Audenarde, ainsi que Termonde, où ils faillirent prendre le comte. Cependant, à l'intervention de Philippe de Bourgogne, une paix « à deux visages » fut conclue. Le comte en profita pour commencer la répression. Il rasa les châteaux et mit à mort les foulons et les tisserands du sud de la Flandre. Bruges, influencée par « les négociants de sept royaumes chrétiens et qui ne pensaient qu'à leurs marchandises » se laissa séduire. Le comte occupa la ville et décapita 500 citoyens. Le Franc de Bruges et le West Quartier, épouvantés, firent défection.

Gand ne fléchit point. Le comte vint l'assiéger avec 60.000 hommes, en septembre 1380. Soutenue par les sympathies de Bruxelles, de Liége, de Lille et d'Arras, la ville résista. Le siège fut levé en novembre.

Au mois de mai de l'année suivante, le comte se remit en campagne et descendit la vallée de la Lys. Une division gantoise, forte de 6.000 hommes, accepta témérairement le combat à Nevele ; elle fut écrasée sans merci. Les Gantois se renfermèrent dans leurs murs. Le comte isola la ville, coupant les convois et ravageant la contrée. La détresse ne réduisit pas la résistance ; mais la lutte ébranlait les Pays-Bas tout entiers. Au milieu du carême de 1382, Louvain et Bruxelles envoyèrent des vivres ; Liége, 600 chariots de blé. On atteignit ainsi le mois de mai 1382.

Philippe Van Artevelde, capitaine de la ville, réunit alors les métiers. Dans sa harangue, il leur donna le choix entre trois solutions : chercher asile dans les églises et couvents, implorer la merci du comte, ou lui offrir la bataille en rase campagne. Le peuple choisit la lutte.

Le 2 mai, 6.000 hommes choisis parmi les plus robustes et les plus braves marchèrent ainsi sur Bruges. Le comte réunit 10.000 hommes et les attaqua le 3 au matin. Les Gantois, d'abord immobiles, reçurent impassiblement les premières volées de son artillerie ; puis ils opérèrent un changement de front qui mit leurs adversaires face au soleil, déchargèrent à bout portant 300 petits canons transportés sur des brouettes et entrèrent tête baissée dans les rangs ennemis aux cris de : Gand ! Gand ! La masse qui semblait devoir engloutir cette poignée de braves, s'écroula.

La défaite eut un retentissement immense. Paris, Amiens, Châlons, Reims, Troyes, Rouen, Orléans s'agitèrent ; l'insurrection se propagea jusqu'en Auvergne.

Le roi de France décida de frapper au cœur ce mouvement démocratique. Il rassembla 100.000 hommes, sans compter les nuées de valets, de compagnons et de routiers qui formaient l'infanterie et la cavalerie légères. Cette armée s'ébranla d'Arras dans les premiers jours d'octobre. Elle força le passage de la Lys à Comines et envahit la Flandre. Comines, Menin, Warneton, Poperinghe furent saccagés de fond en comble. Ypres capitula.

Philippe Van Artevelde vint, à West-Roosebeke, barrer la route de Bruges. Les Flamands, formés en une seule masse, marchèrent sur l'armée royale, « droit devant eux, sans tourner la tête, les rangs serrés, les bras entrelacés, les piques baissées à telle foison que ce semblait un bois ». Le centre de l'armée française plia sous le choc; il y eut un moment de terrible confusion. Mais les deux ailes se rabattirent sur les flancs des gens de Flandre. 25.000 hommes périrent dans cette bataille ; plusieurs milliers, étouffés. Aucun Gantois n'avait fui; au nombre de 9.000, ils gisaient en un monceau. (27 octobre 1382.)

A cette nouvelle, les villes françaises ne crurent pas possible de résister aux hommes qui avaient vaincu « ces vaillantes gens de Gand ». Elles se soumirent.

Gand s'acharna dans une résistance désespérée.

L'armée royale pénétra dans le pays de Waes, dont les habitants furent égorgés sans miséricorde. On voulut épargner la vie de vingt-quatre habitants pour obtenir de bonnes rançons, et on leur offrit la vie sauve pourvu qu'ils se déclarassent sujets du roi. Mais l'un d'eux répondit pour tous les autres que, quand le roi mettrait à mort tous les Flamands, leurs ossements desséchés se lèveraient encore pour le combattre. Un seul eut la lâcheté de céder. Des vingt-trois autres, pas un ne frémit en présentant sa tête à la hache.

Cette héroïque opiniâtreté, comme aussi le désir de ménager les Gantois, fit réfléchir le duc de Bourgogne. Il accepta la paix de Tournai (1385).

L'indomptable esprit des Gantois se manifesta
de même pendant l'insurrection de 1452. Refoulés
graduellement par le duc de Bourgogne jusque sous
les murs de la ville, ils livrèrent aux troupes
régulières des combats acharnés à Bevere, Bavin-
chove, Meirelbeke, Lemberg, Melle, Lokeren,
Nevele. Le porte-étendard de Gand, Corneille
Seyssonne, s'illustra à Meirelbeke dans un combat
où il eut les deux jambes brisées et un poignet
coupé. Les Bourguignons donnèrent en vain l'assaut
aux portes de Saint-Pierre et de Saint-Liévin ; ils
se replièrent ensuite difficilement sur Harlebeke.

Malgré l'appui de Liége et de Tournai, Gand fut
abattue en 1453. Les Bourguignons écrasèrent les
communiers à Semmersaeke, après avoir à ce point
dévasté le pays que rien ne subsistait entre Gand
et Courtrai.

C'est la fin des grandes révoltes de Gand. Les
milices ne seront désormais plus à même de combattre victorieusement les bandes d'ordonnance.

Le sort de Liége fut tout aussi tourmenté et tout
aussi glorieux.

Alors que dès la première moitié du XIIIᵉ siècle,
la principauté épiscopale d'Utrecht disparaissait,
celle de Liége survécut malgré les efforts des ducs
de Brabant et leur habileté à saisir l'occasion fré-
quente de s'immiscer dans ses affaires, malgré
l'intervention des ducs de Bourgogne dans les
démêlés des villes, aussi turbulentes que les cités
flamandes.

En 1212 déjà, lorsque le duc Henri de Brabant envahit le pays, il se heurta à un mouvement général et patriotique de résistance. Ce furent surtout des milices qu'il rencontra à Montenaeken, le 14 octobre 1213. Dans ce premier heurt des troupes urbaines et d'une armée féodale, les bourgeois restèrent sur la défensive et brisèrent les charges de la cavalerie brabançonne sur leurs lances fichées en terre. Celle-ci perdit 3.000 morts et 4.000 prisonniers.

Les ducs de Brabant prirent, il est vrai, leur revanche en 1347, lors du soulèvement contre Engelbert de la Marck. Le conflit qui dura huit ans et dont le duc profita pour raser les postes-frontière, se termina par la défaite des Liégeois à Les Waleffes en 1355.

Les guerres avec les ducs de Bourgogne revêtirent un caractère autrement violent, car ceux-ci ne recherchaient pas seulement l'occasion d'étendre leur influence politique, mais encore celle de faire un exemple hors de leurs territoires.

Aussi, en 1408, voit-on Jean sans Peur profiter des démêlés des Liégeois avec leur évêque, Jean de Bavière, pour agir avec force. Dans la bataille d'Othée (20 septembre), ses troupes anéantirent les bourgeois, combattants peu expérimentés et soutenus par leur seul enthousiasme. Elles ne leur firent aucun quartier. Le mambour y périt avec 13.000 des siens.

Philippe le Bon intervint à son tour en 1430 et

Charles le Téméraire en 1465. Cette dernière guerre fut la plus terrible. Les Liégeois avaient rompu avec Louis de Bourbon. Charles entra dans le pays de Liége avec 28.000 hommes ; son apparition intimida d'abord les villes. Mais Dinant, refuge des proscrits et des bannis, se souleva bientôt, escomptant la sauvegarde du roi de France. Une armée eût mieux valu. Attaquée le 18 août 1467, elle fut prise d'assaut le 25, pillée pendant trois jours, et le 29, incendiée jusqu'aux tours où résistaient encore quelques désespérés. La ruine fut telle que c'est à peine si trente ans après, la ville avait repris quelque vie.

Liége, effrayée, se soumit pour quelques mois ; puis l'insurrection gronda. Le duc rentra en campagne avec 40.000 hommes, la plus forte armée qu'il ait eue. Il attaqua, à Brusthem, les Liégeois retranchés hâtivement. L'avant-garde bourguignonne fit reculer les milices sous une grêle de boulets, de carreaux et de flèches, passa le fossé et prit un canon. Les Liégeois se rallièrent et contre-attaquèrent avec une telle impétuosité « qu'en quelques instants, 4 ou 500 assaillants furent massacrés et qu'on vit branler toutes les enseignes de l'avant-garde ». L'arrivée du corps de bataille décida de l'issue. Les Liégeois, rompus, se replièrent derrière leurs bagages et y tinrent bon jusqu'à la nuit. Ils avaient perdu 9.000 hommes et leur artillerie : 6 canons (1467).

Liége accepta les conditions du vainqueur qui

entra en ville par une brèche. Un an après, elle se révoltait une dernière fois. Le duc reparut devant la ville le 22 octobre 1468. Les murs d'enceinte étaient éventrés ; il n'y avait pas d'artillerie pour les garnir. Le peuple savait qu'il n'avait aucune grâce à attendre ; désarmé, isolé, on croyait l'avoir la corde au cou. Il prit l'offensive dans une sortie sans espoir et fut refoulé. Le duc avait décidé de donner l'assaut le 29. Dans la nuit, 600 bûcherons, forgerons et mineurs, sortirent de la ville en silence, résolus « à avoir grande victoire ou glorieuse fin ». Ils se ruèrent dans le camp, faillirent surprendre le duc et périrent jusqu'au dernier.

Liége fut mise à sac le 30 octobre et incendiée le 9 novembre. Le duc aurait voulu effacer jusqu'à son nom. Il épargna à peine les églises et traqua les fugitifs à travers toute l'Ardenne.

Exposée de tous côtés aux tentatives de redoutables voisins, Liége avait résisté pendant trois siècles avec une constance et une intrépidité admirables. « Elle succomba ; mais aucune nation n'a fait à sa liberté d'aussi belles funérailles. »

Quelque glorieux que soit l'effort belge pendant la période féodale, il n'est toutefois pas sans ombres.

Les communes qui maintinrent intacte la nationalité belge, ne purent malheureusement assurer l'indépendance du pays, ni même son intégrité territoriale.

Elles n'avaient pas l'intuition que, pour la Belgique, la condition d'existence est la cohésion et que la guerre n'était, ni pour elle, ni même pour les princes, une occasion de profits particuliers, mais bien une œuvre d'intérêt général.

Animées d'un patriotisme tout local, lorsqu'elles taillèrent elles ne surent point coudre. Après les succès de 1302, quand on négocia la paix d'Athies-sur-Orge, Gand et Ypres cherchèrent à se décharger de leurs amendes sur Bruges qui avait commencé le mouvement. Réciproquement, ce fut sur Bruges que le comte s'appuya lorsque, par la suite, il eut affaire avec Gand. De même quand les communes s'insurgèrent contre Maximilien d'Autriche, elles en appelèrent à tous, sauf à l'union intérieure.

Confinées dans des conceptions politiques étroitement orientées vers des objets immédiats, elles soupçonnèrent les projets de leurs chefs et ne conjecturèrent point l'avenir. Jacques Van Artevelde perdit la vie pour avoir tenté d'élargir l'influence de son pays ; la Flandre y perdit sa situation politique. A Arras, en 1482, lors des négociations avec Louis XI, les communes sacrifièrent tout à la paix, parce que la guerre conférait au prince une part prépondérante dans la conduite des affaires ; toutes les provinces bourguignonnes et l'Artois furent cédées au roi de France, et « si celui-ci l'avait demandé, dit Philippe de Comines, elles auraient cédé les comtés de Namur et de Hainaut, et l'eussent volontiers fait pour affaiblir leur seigneur ».

Enfin, alors qu'autour d'elles les armées régulières se développaient rapidement, les communes persistèrent à fonder leurs espoirs sur des milices dont les incontestables qualités guerrières se dépensèrent sans résultats fructueux.

Toutes ces erreurs se manifestèrent à la mort de Charles le Téméraire (1477). Tandis que l'armée de Louis XI entrait en Artois, enlevait Hesdin, Arras, Saint-Omer et Condé, les communes imposaient à la jeune héritière, Marie de Bourgogne, leurs conceptions égoïstes. « Le lien commun fut dénoué, écrit M. Pirenne ; et, chose étrange, le seul point établi avec netteté quant aux attributions des États-Généraux, fut l'interdiction faite au prince d'entreprendre une guerre, même défensive, sans l'assentiment de ses sujets. »

Les trois membres de Flandre qui se vantaient de pouvoir mettre 150.000 hommes sous les armes, ne purent empêcher les Français de paraître devant Audenarde, ni de dévaster Poperinghe en 1478. L'année suivante, quand Maximilien refoula l'envahisseur à Guinegate, son armée était composée d'Écossais, d'Anglais et surtout d'Allemands. Les Flamands y entraient pour 5.000 hommes à peine, et les Hennuyers pour 1.500.

La puissance militaire des milices et des métiers était d'ailleurs factice. Quand Bruxelles, Gand et Bruges se révoltèrent contre Maximilien, leurs troupes ne purent que garder les enceintes des villes. Les mercenaires allemands se livrèrent impunément aux plus abominables ravages dans leur banlieue et dans le plat pays. Tout au plus, les milices purent-elles encore mener une guerre de partisans, parfois heureuse, il est vrai, comme celle des bonnes gens de Namur et de Luxembourg contre Guillaume de la Marck.

Dans ce déclin des communes, la figure de Philippe de Clèves se détache comme la synthèse de l'époque révolue.

Lorsque les Brugeois mirent Maximilien d'Autriche en liberté sous condition, Philippe de Clèves, un de ses capitaines, se porta garant pour le prince. Mais celui-ci viola ses engagements; son père Frédéric entra en Brabant pour le soutenir. Philippe, esclave de sa parole, offrit ses services aux communes. Nommé capitaine-général, il refoula les troupes de Maximilien et fit à Bruxelles et Louvain une entrée triomphale (1488). Malheureusement, les divisions du pays limitèrent ses succès. Mal secondé, il subit des échecs à Hal, Gembloux et Saint-Trond (1489). Les villes capitulèrent. Enfermé dans l'Écluse, Philippe continua la guerre et y soutint un siège que limita l'explosion de ses poudres. Quand il se rendit, l'ennemi accepta les conditions qu'il posa.

Ce fut le dernier défenseur de l'indépendance des communes.

En conclusion, au cours des siècles qui s'écoulèrent entre le démembrement de l'empire carolingien et le règne de Charles-Quint, les provinces belges, puissantes et redoutables, imposèrent aux souverains limitrophes la prudence, sinon le respect.

Les comtes de Flandre, les ducs de Limbourg et de Brabant se mesurèrent, non sans succès, avec les empereurs d'Allemagne. Quant au roi de France, les débuts de la guerre de Cent ans en Flandre furent peu encourageants pour lui.

L'influence internationale de la situation de la Belgique, néanmoins, ne manqua pas de se faire jour.

En effet, ce fut à Bouvines, entre Tournai et Lille, que se termina, en 1214, le seul conflit du moyen-âge entre le royaume de France et l'empire d'Allemagne en Europe occidentale; et ce fut en abattant Gand, que le roi de France maîtrisa l'agitation démocratique de son royaume à la fin du XIVᵉ siècle.

Mais les occupations étrangères furent de peu de durée et l'indépendance dans laquelle vécut la Belgique permit à son peuple de manifester ouvertement ses aspirations. Celles-ci furent significatives.

Les Belges voulurent la paix et la liberté.

Ils n'eurent aucune ambition impérialiste. Parmi les princes des Pays-Bas, les seuls conquérants furent les comtes de Hollande qui s'emparèrent de la Frise. Dans le peuple se décela surtout le désir de ne pas s'engager dans des aventures. « Le sang des Liégeois n'appartient qu'à la patrie et la défense du territoire envahi est la seule condition du service militaire », dit, au xiiie siècle, Henri de Dinant à Henri de Gueldre. « Les bourgeois ne sont pas tenus de prendre les armes pour des expéditions, sauf le cas où le territoire est envahi », mentionne la charte de Duysbourg (1226). Au xve siècle, les milices flamandes, arrivées au terme de leur délai de service, quittèrent Jean sans Peur à Ham et Philippe le Bon devant Calais.

Dans un ordre d'idées analogue, se font jour à maintes reprises des tentatives de neutralité volontaires.

En 1185, sollicité par l'empereur d'Allemagne de prendre part à une expédition contre Philippe-Auguste, le comte de Hainaut s'y refusa, alléguant la neutralité de sa terre. Jacques van Artevelde chercha également à faire admettre la neutralité de la Flandre au début de la guerre de Cent ans.

Ce n'est pas que ce désir de paix ait à sa base un manque de cœur. Aux exemples de Liége et de Gand, joignons ceux de Bouvines et de Cassel. A Bouvines, le 27 juillet 1214, l'armée française rompit une armée coalisée, composée d'Allemands, d'Écossais et de Belges ; seuls, au milieu de la déroute, 700 piquiers brabançons, formés en carré, continuèrent la résistance ; Philippe les fit écraser par les 2.000 chevaux du corps de Thomas de Saint-Valery. De même, à Cassel, lorsque tout fuyait devant l'attaque imprévue et impétueuse des braves communiers et que le roi de France allait tomber entre leurs mains, les Tournaisiens, au lieu de céder à l'épouvante générale, se jetèrent courageusement au-devant des piquiers de Zannekin et donnèrent aux Français le temps de se ressaisir.

La crainte des dangers de la guerre n'a donc été pour rien dans la répugnance des Belges à combattre hors du territoire, mais simplement l'absence complète de visées d'empiétement sur le voisin.

Par contre, ils n'ont jamais hésité à accepter la guerre pour rester maîtres chez eux.

Lors de la succession de Charles le Bon, les Flamands répondirent au roi de France qui les sommait de comparaître à son conseil : « Les pairs et bourgeois du pays peuvent seuls désigner l'héritier du comté. Le roi de France n'a aucune raison d'intervenir. »

Vers 1400, les Brabançons éconduisirent le duc de Bourgogne et le duc de Luxembourg qui convoitaient l'héritage de la duchesse Jeanne, en leur disant : « Le Brabant fera, le cas échéant, ce qui est son devoir. »

Il eut d'ailleurs l'occasion de le faire.

Quand, en 1437, l'empereur d'Allemagne voulut profiter des embarras du duc Philippe le Hardi, pour réclamer au nom de l'Empire, les pays de Brabant, Hainaut, Anvers et Limbourg, les Brabançons accueillirent le manifeste en répliquant qu'ils étaient prêts à combattre pour Philippe, leur seigneur légitime. Le landgrave de Hesse voulut pénétrer dans le Limbourg ; ses troupes, taillées en pièces, furent refoulées en désordre dans Aix-la-Chapelle.

Si l'on embrasse d'un coup d'œil d'ensemble les actes de la nation belge pendant la période féodale, on y retrouve intégralement les traits sous lesquels elle s'est révélée de nos jours.

LISTE
DES PRINCIPAUX CHAMPS DE BATAILLE
DE BELGIQUE
PENDANT LE MOYEN-AGE

*Les dates en italique indiquent la destruction
totale ou partielle de la localité.*

Acren, 1452.
Aeltre, 1379.
Aerschot, *1489.*
Afflighem, 1333.
Aiseau, 1430.
Alost, 1128-1333-*1380* .
Andenne, *1151.*
Antoing, *1478.*
Anvers, 1007-1057.
Argenteau, *1347,*
Arlon, 1172-1443,
Arquennes, *1194.*
Ath, 1452.
Audenarde, 1119-1326-1379-
1478.
Axpoele, 1128.
Aywaille, 1287.

Baisieux, *1396.*
Basele, 1452.
Bastogne, 1256.
Beaufays, *1318.*
Beaumont, 1480.
Beauraing, 1445.
Beeringen, 1363.
Beersel, *1489.*
Beveren-Waes, 1157.

Beverhout, 1382.
Biervliet, 1338.
Bilsen, *1180-1363.*
Binche, 1247-1284.
Blankenberghe, 1437.
Boneffe, *1431.*
Bornival, 1489.
Bossières, 1431.
Bouillon, 1076-1141.
Boussoit, 998.
Bouvignes, 1311.
Braine-le-Comte, 1424.
Branchon, *1431.*
Broqueroie, 1072.
Bruges, 1302.
Brusthem,   *1085-1178-
1376-1440-1467-1489.*
Bruxelles, 1488.
Budingen, 1213.
Bulscamp, 1297.
Burdinne, 1321.

Carnières, 1170-1185.
Cassel, 1072-1302-1328.
Châtelet, 1430.
Chèvremont, 980.
Chimay, 1339.

Ciney,   1273-1321-*1408*-1466.
Clermont, *1348*.
Cobhegem, *1356*.
Comines, *1382*.
Couckelaere, 1437.
Courtrai, 1302-*1325*-1488.

Damme, *1213-1300*-1384.
Deynze, 1452-1488.
Dielegem, *1489*.
Dinant, *1466*.
Dixmude, 1119-1339-1490.
Donmartin, *1325*.
Duras, 1129.
Durbuy, 1236-1482.

Eename, 1048-1380.
Embourg, 1318.
Enghien, 1246.
Escanaffles, 1452.
Esneux, 1495.

Fallais, 1272.
Fauquez, *1489*.
Fize-Fontaine, *1328*.
Floreffe, 1190-1239.
Florennes, 1015-*1408*.
Fosses, 1140-*1408*.
Fraipont, 1286.
Franchimont, 1285-1291.
Froidchapelle, *1477*.
Furnes, *1297*.

Gaesbeek, 1388.
Gand, 1007-1213-1325-1380-1452.
Gembloux, 1136-*1185*-1489.
Genappe, *1489*.
Gerpinnes, *1136-1143*.

Ghistelles, 1325.
Givry, 1185.
Glons, *1406*.
Golzinne, 1229.
Gosselies, *1231-1429*.
Gottignies, 1078.
Grammont, *1381*-1452-1485.
Grimberghe, 1144.
Guignies, *1477*.

Hal, 1489.
Han-sur-Lesse, 1379.
Hannut, 1212.
Hanzinelle, *1314*.
Haringhe, 1297.
Harlebeke, 1453.
Hasselt, *1363*-1482.
Hastière, 1320.
Havelange, 1431.
Havré, 1364.
Herck-la-Ville, 1363-1409.
Hermalle, 1348.
Herve, *1284*.
Heyst-sur-mer, 1437.
Hollogne-sur-Geer, 1483.
Horion, 1211.
Hougaerde, 1013.
Houx, 1244.
Hoves, 1246-1364.
Huy, *1056*-1328.
Hyon, 976.

Ingelmunster,   *1453*-1465.

Jallet, *1272*.
Jodoigne, 1200.

Lamain, *1477*.
Lanaeken, *1378*.
Landen, 1333.

Langerbrugge, 1380.
Lantin, *1328*.
Laroche, 1082.
Léau, *1212*.
L'Ecluse, 1323-1340.
Lembecq, *1184*.
Lemberge, 1452.
Lennick-St-Quentin, 1333.
Lessines, 1303-1452.
Les Waleffes, 1355.
Lichtervelde, 1490.
Liedekerke, 1339.
Liége, *1468*.
Limbourg, 1106.
Limerlé, 1409.
Lippeloo, 1333.
Lokeren, 1452.
Lommel, 1283.
Lompret, *1340*.
Loncin, 1298.
Looz, 1065-*1180*-1482.
Luxembourg, 1171.

Maestricht, 1283-1407.
Maldegem, *1437*.
Malines, 1356.
Maurage, *1072-1185*.
Meeffe, 1272-*1348*.
Meerdorp, *1431*.
Meersen, *1287*.
Meirelbeke, 1452.
Melle, 1452.
Menin, *1382*.
Merbes-le-Château, 1414.
Merlemont, *1190*.
Messines, *1071*.
Mielmont, 1288.
Millen, *1408*.
Mirwart, 1307.
Moerbeke, *1452*.

Moerkerke, *1437*.
Moha, *1376*.
Momalle, *1347-1468*.
Mons, 998-1185-1424.
Montaigle, 1431.
Montenaeken, 1178-1213-1465.
Mont-St-Guibert, *1185*.

Nalinnes, 1434.
Namur, 1151-1196.
Nedelaer, 1144.
Nevele, 1325-1381-1452.
Neufville, 1194.
Nieuport, 1383.
Nieuwkerken, *1436*.
Ninove, *1380*-1485-*1488*.
Nivelles, 1356.
Noville-sur-Mehaigne, 1194.

Oostcamp, 1128.
Oostkerke, *1437*-1490.
Othée, 1408.
Overmeire, 1452.
Overrepen, 1178.
Ouffet, *1314*.

Pamel, *1242*.
Péronnes, 997.
Peteghem, *1325*-1452.
Poilvache, 1322.
Poperinghe, *1382-1436-1478*.
Poucques, 1453.

Quenast, 1181.

Ramscappelle, *1487*.
Ransbeek, 1147.
Raverschoot, *1127*.

Rochefort, 1180.
Rœulx, *1185.*
Roulers, 1188.
Rummen, 1363.
Rupelmonde, 1194.
Russon, 1364.

Saint-Georges, 1325.
Saint-Trond, 1129-*1151*-1482.
Samson, 1216.
Sart-lez-Spa, *1468.*
Schendelbeke, 1453.
Schepdael, 1333.
Scheut, 1356.
Semmersaeke, 1453.
Silly, 1247.
Slins, 1298.
Sluse, 1408.
Soignies, 1364.
Sorinne, 1272.
Spontin, 1313.
Sprimont, 1287.
Stockheim, 1363.

Tamise, 1485.
Templeuve, 1304.
Termonde, 1345-*1380*-1484.
Theux, 1286.
Thielt, 1383.
Thieu, *1072.*
Thildonck, 1266.
Thisnes, *1356.*
Thuin, *1056*-1339.
Tirlemont, *1213-1356.*
Tilf, *1318.*
Tongres, *1180-1212.*
Tourinnes-Sᵗ-Lambert, *1212-1347.*
Tournai, 1056-1303-1338-340.

Tubize, 1183.

Velroux, 1328.
Verlaine, 1312.
Viesville, *1181*-1431.
Vieuxville, 1431.
Villers-la-Tour, 1472.
Vilvorde, 1144.
Virton, 1479-1480.
Visé, 1102.
Vogelzang, *1178-1361.*

Waleffe Sᵗ-Georges, 1212.
Wanze, 1225-*1328.*
Warcoing, 1194.
Waremme, 1273-*1313*-*1349-1466.*
Warnant, *1276.*
Warsage, 1283.
Waroux, *1328.*
Warzée, *1314.*
Wasseiges, *1431.*
Wavre, *1489.*
Wervicq, 1070-*1382.*
Westcappelle, 1253.
West-Roosebeke, 1382.
Wez-Velvain, *1288-1302.*
Wilderen, 1130.
Winendaele, 1302.
Wondelgem, *1379.*
Wulpen, *1436.*

Xhendremael, *1489.*

Ypres, 1382-1488.
Yssche, 1489.

Zele, 1452.
Zonhoven, 1490.

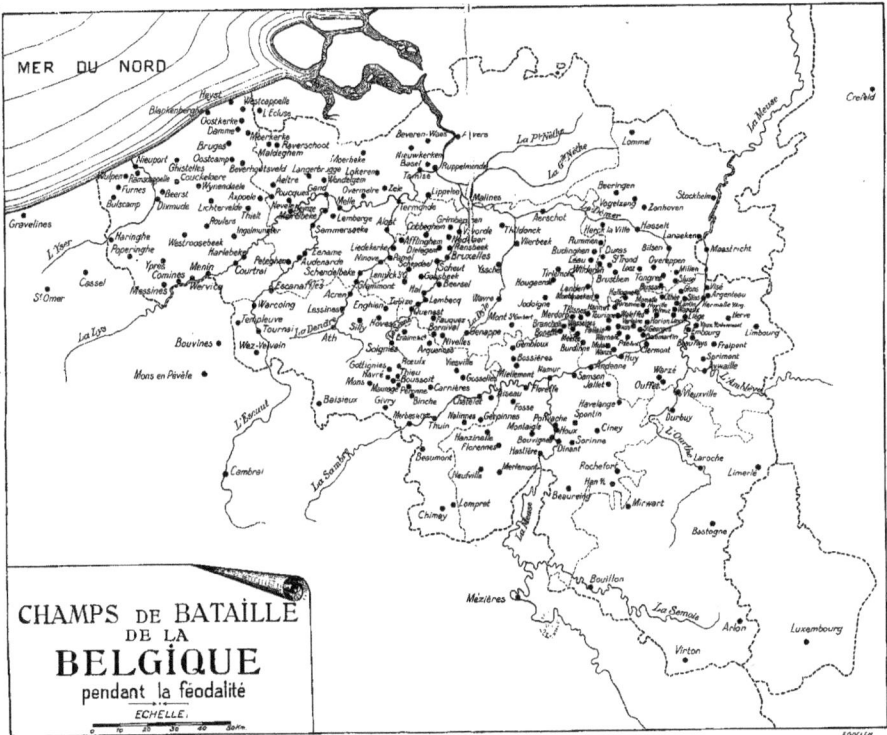

MER DU NORD

CHAMPS DE BATAILLE
DE LA
BELGIQUE
pendant la féodalité
ECHELLE.

CHAPITRE III

LES CONFLITS INTERNATIONAUX

Quand les Belges reprirent la liberté de leurs gestes, à la mort de Charles le Téméraire, les ferments de la Renaissance se répandaient en Europe, engendrant dans tous les domaines une évolution rapide des conceptions et des idées.

Les États provinciaux de Belgique montrèrent peu d'intérêt à suivre cette évolution. Hypnotisés par leurs privilèges et leurs chartes qu'ils considéraient comme une formule définitive d'organisation politique, ils s'attardèrent ; les événements les devancèrent.

Fières, grandes, redoutées aussi longtemps qu'elles furent régies par un principe vivifiant de progrès, les provinces n'eurent plus ni crédit, ni influence dès qu'elles prétendirent se réclamer d'une tradition politique périmée.

Le pays ne put ainsi se maintenir au niveau de ses voisins, et, par là, fut incapable de coopérer à une œuvre de gouvernement. « Les assemblées ne « manifestèrent plus leur activité que par des « plaintes stériles. »

En visant à affaiblir l'autorité du souverain,

comme elles le firent sous Marie de Bourgogne, alors qu'autour de la Belgique les ambitions des rois s'éveillaient et que la puissance des États se concentrait peu à peu dans leurs mains, les provinces belges s'interdirent désormais tout rôle actif. Leur amour de la liberté manqua de ces corollaires indispensables qui sont l'esprit de sacrifice et la volonté de l'effort ; on n'y vit plus qu'un instinct, l'attachement naturel au sol natal. « Toute « énergie qui ne se rattachait point à la défense « exclusive de la cité semblait morte en elles. »

Dans la masse du peuple, le sentiment national se replia sur lui-même. Une minorité plus avide d'action chercha à le dépenser dans l'armée régulière, alors à ses origines.

Les bandes d'ordonnance et plus tard les régiments nationaux furent certes l'armée du souverain. Mais ces corps recrutés sur toute l'étendue du territoire parmi des jeunes gens de toutes les provinces et qui y servaient côte à côte, furent aussi le microcosme de la Belgique.

Glorieux et populaires, il s'y développa un esprit de corps et de camaraderie dont le compromis de 1566 est une révélation, en même temps qu'une fierté nationale et une intuition atavique de maintenir les Pays-Bas à l'abri des influences étrangères. Les défections furent inconnues dans les troupes nationales, malgré la confusion qui régna dans notre pays pendant les guerres de religion et malgré le sort pénible que leur firent les États en lésinant constamment sur leur entretien.

En 1577, l'armée des États comptait 51 enseignes
nationales et 21 d'étrangers ; mais elle manquait
de cavalerie, d'artillerie et surtout d'argent. En
1579, l'arriéré de solde était de 205.000 florins. Le
xvıı^e siècle, « le siècle de malheur », n'est qu'une
longue suite de difficultés de l'espèce.

Mais cette détresse et cet abandon n'altérèrent
pas la fierté nationale des troupes indigènes.

Lors d'une revue de l'armée coalisée réunie près
d'Audenarde sous les ordres du maréchal d'Ou-
werkerke, la droite, place d'honneur qui revenait
aux troupes nationales, leur fut refusée à cause de
leur aspect misérable. « On ne trouvait jamais
« d'argent afin de leur faire trois paiements par an
« et elles n'étaient jamais habillées. » Le comte de
Merode, commandant un des régiments, releva
l'injure, provoqua le maréchal et fit si bien qu'on
recommença la revue en lui donnant raison.

Malheureusement, les États provinciaux ne com-
prirent pas la valeur de cette force. Ils ne s'attachèrent
ni à l'exploiter, ni même à l'entretenir. En 1704,
sous Philippe V, « on vit naître tout à coup
« 52 beaux et bons bataillons de 750 hommes cha-
« cun et 49 beaux et bons escadrons ». Cinq ans
plus tard, ils étaient réduits à rien et, au congrès
d'Utrecht (1713), le grand pensionnaire de Hollande Heinsius disait aux députés des États qui
venaient solliciter le maintien des privilèges :
« Souvenez-vous que vous avez été conquis. »

Quant aux souverains espagnols ou autrichiens,

tout en employant volontiers les régiments nationaux à cause de leur bravoure, ils ne favorisèrent
pas davantage leur développement parce qu'ils
devaient les contre-balancer par des troupes étrangères.

Le sentiment national vécut ainsi comme sous la
cendre d'un foyer chichement alimenté.

L'effort personnel des Belges, entravé par l'ar-
chaïsme de la politique des États provinciaux,
ajouta donc peu à ceux que firent, pour la défense
de notre territoire, les monarchies éloignées, épui-
sées ou soucieuses d'autres intérêts, auxquelles
ils furent enchaînés.

De là, la longue série de désastres dont ils furent
les témoins impuissants. Désarmée et désemparée,
leur patrie fut une proie.

Les grands conflits internationaux commen-
cèrent avec la rivalité de François Ier et de Charles-
Quint. Engagés d'abord en Italie, ils refluèrent
bientôt vers le nord.

Les campagnes de 1521 à 1525 se dénouèrent à
Pavie, où François Ier remit son épée à Charles de
Lannoy. Mais, tout en guerroyant en Lombardie,
le roi de France fit pratiquer des diversions sur
les frontières de Belgique par Robert de la Marck,
seigneur de Sedan. Celui-ci fit des incursions dans
le Bas-Luxembourg, prit Virton en 1521. La frontière du Sud-Est fut dégagée par Charles-Quint
qui reprit Florenville, Bouillon, Mouzon, mais
échoua devant Mézières défendue par Bayard.

En outre, sur la frontière des Flandres, Charles assiégea et prit Tournai, malgré des tentatives de déblocus faites à Hesdin et Landrecies par les troupes du roi de France.

Une nouvelle incursion dans le Luxembourg n'eut pas de succès. 1.200 piétons namurois surprirent les Français à Saint-Hubert, les battirent et, marchant sur leurs talons, firent lever le siège de Bouillon (1522). Par la suite, les hostilités eurent lieu en Picardie.

La guerre reprit en 1536. Charles, qui l'année précédente avait obtenu à grand peine des États les subsides nécessaires à l'entretien de 30.000 piétons et de 8.000 cavaliers, se les vit refuser. Les Français, d'abord maintenus sur la Somme, envahirent l'Artois, prirent Hesdin et Merville, et atteignirent les confins de la Flandre. François Ier déclara que la Flandre et l'Artois étaient acquises à la couronne de France. Le Brabant s'en émut, affirma son intention de continuer la guerre et entraîna les autres provinces. Le roi de France, découragé par cette attitude comme aussi par la reprise de Saint-Pol et de Montreuil, ajourna ses projets.

Il les reprit avec plus d'ampleur en 1542.

L'invasion eut lieu à la fois en Luxembourg et en Artois par les Français, en Brabant par les Danois et Suédois du comte de Gueldre, leur allié. Les provinces belges, menacées de toutes parts, se montrèrent capables de supporter l'épreuve sans faiblir.

Les troupes gueldroises, commandées par Martin van Rossem, traversèrent le Brabant et le Namurois pour rejoindre les Français vers Rocroy. Leur marche fut jalonnée d'incendies et de pillages. Ayant d'abord enlevé Bois-le-Duc et Hoogstraeten, elles surprirent le comte d'Orange à Brasschaet et vinrent vainement sommer Anvers. Refoulées à Lierre, elles ravagèrent Duffel, Waelhem, Keerbergen, Werchter, Wespelaer, Haecht, Aerschot, Thildonck, Rotselaer, Herent et Winxele ; elles tentèrent sur Louvain un assaut qui échoua et continuèrent leur œuvre de destruction à Corbeek, Neeryssche, Hamme-Mille, Florival, Wavre, Melin et Longueville. De là, elles marchèrent sur la Sambre qu'elles forcèrent à Châtelet et rejoignirent le duc d'Orléans, poursuivies par des détachements des troupes des États. Damvillers, Virton, Arlon et Luxembourg furent ensuite assiégées et prises par les alliés.

En 1543, les troupes des Pays-Bas envahirent par représailles le quartier de Ruremonde. L'opération n'eut qu'un succès passager. Les Gueldrois revinrent jusqu'à Bois-le-Duc. Les enseignes namuroises trouvèrent l'occasion de montrer leurs qualités à la bataille de Sittard (24 mars 1543) en tenant bon pendant que les enseignes hollandaises lâchaient pied.

Pendant ce temps, les Français rentraient en Artois, s'emparaient de Lillers d'une part, de Landrecies et de Maubeuge d'autre part et marchaient sur Bruxelles. L'échec du siège de Binche limita leur progrès.

Au nord, Charles-Quint en finit avec la Gueldre par la prise de Duren et de Venloo.

La bataille de Cérisoles et la paix de Crespy terminèrent cette guerre (1544).

Henri II, fils et successeur de François Ier, recommença la lutte en 1552. Ses premiers coups portèrent sur les Trois Évêchés : Metz, Toul et Verdun qui furent facilement conquis. Puis les hostilités s'étendirent jusque dans le Luxembourg. Montmédy et Bouillon furent pris par les Français, qui échouèrent à Virton et ravagèrent Orval, Florenville, Merny ainsi que toute la région avoisinante.

Les troupes impériales ripostèrent en Artois et en Picardie. Le comte de Rœulx, parti de Saint-Omer, enleva d'assaut Hesdin pendant que le comte de Lalaing, venant d'Avesnes, menaçait Guise. Ces opérations dégagèrent le Luxembourg en ramenant les Français vers l'ouest. Henri II attaqua et prit Chimay au passage. Il n'y eut pas de rencontre sérieuse, Charles ayant consacré ses forces principales au siège infructueux de Metz.

L'année suivante, pendant que les Impériaux continuaient leurs opérations en Artois, les Français, tournant Saint-Quentin, marchèrent sur Mons par Le Cateau. Ils perdirent « aux frontières du Hai-« naut, beaucoup de monde à cause que les gens « du pays se tenaient en leurs carrières, espèces de

« forts faits dedans la terre ». Battus à Neulville-lez-Mons, ils se retirèrent sur Guise et Saint-Quentin.

En 1554, la guerre se porta de nouveau dans la province de Namur et le Luxembourg. L'armée française lança d'abord deux avant-gardes qui s'avancèrent d'une part par l'Entre-Sambre-et-Meuse, d'autre part par la vallée de la Meuse. La première prit Mariembourg, Chimay, Glajon, Trélon, Gourieux, Fagnolle et Couvin; des coureurs atteignirent les abbayes de Saint-Gérard et de Stave qu'ils rançonnèrent. L'autre partit de Sedan, détruisit les châteaux-forts d'Orchimart, Graide, Gedinne, Willerzie et Bièvre, prit Fumay, Beauraing, Agimont, Bouvignes, Dinant et Spontin. L'armée impériale n'était pas formée; seuls des corps de partisans tinrent le pays devant les Français. « Le butin fait dans la vallée de la Meuse et « chargé sur des bateaux fut enlevé près de Givet « par les milices du pays d'Entre-Sambre-et-Meuse « qui, aidées de milices namuroises, taillèrent en « pièces un corps d'Écossais et d'Anglais et mena- « cèrent Mézières ». Le gros de l'armée royale s'ébranla ensuite, incendia Stave, Florennes et Fosses, passa la Sambre à Châtelet, trouva la route de Bruxelles barrée par la place de Nivelles qui résista et se rabattit par Seneffe et Trazegnies. Elle incendia les châteaux de Mariemont et de Binche et se retira par Maubeuge et Bavay poursuivie par l'armée impériale enfin rassemblée.

Pendant ces opérations, un combat naval eut lieu dans la Manche : 22 barques flamandes y furent attaquées par 19 navires de guerre et 6 brigantins dieppois. Après une énergique défense, les Flamands se firent sauter. Cinq barques seulement échappèrent ; les Français perdirent 7 bateaux.

Les hostilités furent suspendues pendant deux ans par la trêve de Vaucelles. Le roi de France rompit cette trêve en pillant Lens. Battu à Saint-Quentin, il fut refoulé jusqu'à Noyon et Chauny (1557). Puis un reflux nouveau se produisit. Calais fut prise par le duc de Guise ; Dunkerque enlevée et pillée par les Français qui arrivèrent jusqu'à Nieuport. Dans le Luxembourg, le duc de Nevers atteignit encore une fois Arlon par la vallée de la Semois.

Enfin, le comte d'Egmont battit les Français à Gravelines (1558). La paix de Cateau-Cambrésis fut alors signée.

Pendant ce premier conflit, sauf la Flandre et la principauté de Liége, toutes les autres provinces avaient été atteintes et éprouvées par l'invasion.

La seconde moitié du xvie siècle fut plus triste encore pour la Belgique que la première. Les troubles, puis les guerres de religion déchirèrent le pays.

Le mouvement commencé à Saint-Omer en 1566, s'étendit au quartier d'Ypres et de là se propagea dans toutes les provinces avec la rapidité d'un incendie.

L'insurrection, d'abord purement intérieure, se compliqua bientôt d'interventions étrangères. Appuyé par les protestants allemands, le prince d'Orange tenta en 1568 une invasion dans le Brabant par Stockheim, Tongres et Saint-Trond où le rejoignit un corps de huguenots venus de France par la vallée de la Meuse et le Luxembourg, en brûlant sur leur route Hastière et Saint-Hubert. Les envahisseurs furent arrêtés à Houtain-l'Évêque par les troupes espagnoles; ils reconnurent néanmoins Louvain qu'ils trouvèrent gardée et se replièrent ensuite sur Liége dont ils attaquèrent infructueusement les faubourgs de Saint-Gilles et de Saint-Laurent. Les bourgeois du pays, exaspérés par leurs exactions, les poursuivirent jusqu'aux frontières de France.

Pendant les années qui suivirent, le duc d'Albe s'employa à rétablir l'autorité espagnole dans les provinces septentrionales des Pays-Bas. Les troupes qu'il y envoya furent entretenues par des contributions imposées à notre pays.

Après des fortunes diverses, le duc d'Albe ne put venir à bout des révoltés. Les opérations se reportèrent dans les provinces méridionales. Soutenus par l'Angleterre, les Gueux de Mer étendirent leurs incursions en Flandre. Ils pillèrent Eecloo et Assenede, incendièrent le Sas de Gand (1572). D'autre part, les huguenots français, après voir pris Valenciennes, s'emparaient par surprise de Mons. Les Espagnols les battirent à Hautrage et assiégèrent la ville. Guillaume d'Orange traversa le Brabant pour la débloquer. Battu à Harmignies, il rentra en Hollande par Malines que ses troupes pillèrent.

Les sièges de Middelbourg et une tentative malheureuse faite par Maurice de Nassau pour déboucher par Maestricht occupèrent ensuite les armées. Dans l'entre-temps, le duc d'Albe, rappelé, avait cédé la place à Requesens. Celui-ci s'épuisa en vains efforts à pacifier le pays.

La confusion la plus complète éclata à sa mort (1576).

Les États, profitant de la situation, s'emparèrent du pouvoir. Tiraillés par des intérêts divers et souvent opposés, influencés en outre par les intrigues diplomatiques qui s'exercèrent autour d'eux sous prétexte de les délivrer du joug de l'Espagne, ils ne surent gouverner.

Leur faiblesse fut rendue évidente dès l'abord par la mutinerie des troupes espagnoles qu'on ne payait plus et qui se payèrent sur le pays. Ces troupes purent, quasi impunément, ravager Alost, Gand et Maestricht, puis mettre à sac Anvers. Dans cette dernière ville, leur butin s'éleva à 40 tonnes d'or ou 60.000.000 de francs. L'hôtel de ville, défendu par les arquebusiers des gildes, ainsi que tous les hôtels des serments et corporations, fut incendié (1576). Les mutins n'étaient pas 6.000.

Il eût fallu une armée. Les États escomptèrent

surtout les secours de l'étranger. Après un an et
demi de tergiversations, ils opposèrent à don Juan
une vingtaine de mille hommes, dont près de la
moitié étrangers, maigrement dotés d'artillerie et
de cavalerie, et enfin mal payés. C'était d'ailleurs
simplement une agglomération de troupes de garnison. Devant un adversaire inférieur en nombre,
mais homogène, elle fit piètre figure à la bataille
de Gembloux (1578) et se disloqua aussitôt, chaque
ville cherchant à reprendre sa garnison.

Il fut en ce moment fait en vain appel aux
princes allemands et à l'Angleterre. Alors les
États acceptèrent le duc d'Anjou, frère du roi de
France, en lui imposant un traité par lequel le duc
s'engageait à entretenir à ses frais, pendant trois
mois, 10.000 hommes de pied et 2.000 chevaux
(13 août 1578).

Pendant ces tractations, don Juan avec ses Espagnols prenait Philippeville, Nivelles et assié-
geait Limbourg. L'électeur palatin Jean Casimir,
patronné par l'Angleterre, cherchait à s'établir en
Brabant où il était, il est vrai, défait à Rymenam.
Binche était enlevée par le duc d'Alençon après
une vigoureuse défense; et les Gueux de mer rava-
geaient les environs de Gand.

L'intervention acceptée du duc d'Anjou n'eut
d'autre résultat que de greffer « une complication
« nouvelle sur toutes celles qui existaient déjà et
« d'ajouter de nouveaux mensonges à tous ceux
« que les partis et les puissances ne cessaient de

« s'adresser sur ce champ de bataille diploma-
« tique ».

Farnèse démêla la situation en battant les troupes des États à Borgerhout (1579). La paix d'Arras, conclue sur ces entrefaites, stipula le départ
des troupes étrangères dans les six mois, la levée
d'un corps national et le commandement des places
par des officiers indigènes. Mais cette armée ne fut
que partiellement organisée. En août 1582, d'accord avec les États, Farnèse rappelait dans les
Pays-Bas trois tercios espagnols et des régiments
italiens pour compléter ses forces.

La confusion disparut dès lors, malgré une dernière tentative du duc d'Anjou à Anvers (1583).
Farnèse rétablit graduellement l'autorité espagnole
et reprit Anvers (1585). On devait à ce moment
22 mois de solde aux troupes nationales ; elles en
reçurent deux. Cependant, malgré les excitations
de l'ennemi, elles restaient fidèles et c'est à elles
que la garde d'Anvers fut confiée.

Les opérations que Farnèse mena ensuite contre
Maurice de Nassau eurent pour théâtre le Brabant
septentrional et la Gueldre.

Les guerres intérieures de religion étaient terminées. Elles laissaient la Belgique dépeuplée et
ruinée. Le « jardin de l'Europe » était, dans ses
parties les plus riches, transformé en désert.

La nationalité belge courut les pires dangers.
L'Union d'Arras, manifestation inattendue d'une
âme collective, ne fut malheureusement qu'un geste

inachevé. L'étranger la considéra comme un sursaut d'agonie plutôt que comme l'éclat subit d'une flamme latente. La sommation que Richelieu adressa aux Belges en 1635 le montre assez.

Les hostilités continuèrent pendant cinquante années encore entre l'Espagne d'une part et d'autre part les Provinces-Unies, soutenues par l'argent anglais et français, ainsi que par deux interventions françaises.

La première de ces interventions eut lieu en 1595, sous Henri IV, qui espérait transformer les guerres civiles de France en une guerre nationale contre l'étranger. Les Français traversèrent le Luxembourg et prirent Huy d'où ils firent des incursions plus ou moins heureuses dans le Brabant et le pays de Liége, notamment vers Tirlemont. Ils ne purent rejoindre Maurice de Nassau, maintenu en Gueldre par Mondragon. D'autre part, les succès de Fuentès et de l'archiduc Albert en Artois, en Flandre maritime et dans le Cambrésis, ramenèrent dans le sud les troupes de Henri IV. Celui-ci accepta de traiter à Vervins (1598).

Les Provinces-Unies ne désarmèrent point.

En 1600, Maurice de Nassau, partant des bouches de l'Escaut, pénétra en Belgique par Philippine, Eecloo, Maele et Snaeskerke dans l'intention de prendre Nieuport et Dunkerque et de s'assurer la possession de la côte. Arrêté dans ses projets par la bataille de Lombaertzÿde que lui livra une armée péniblement rassemblée, il se rejeta dans Ostende qui fut investie. Le siège dura trois ans et eut un tel retentissement que des princes étrangers vinrent à plusieurs reprises visiter les travaux. Enfin, la place fut emportée ; la valeur déployée par les troupes belges leur valut le commandement de la forteresse. Maurice tenta en vain des diversions sur l'Ecluse et Anvers. Il fut battu à Calloo (1604) et repoussé sur la Meuse inférieure.

Après une trêve de douze ans, les opérations reprirent.

En 1622, le bâtard de Mansfelt quitta Sedan avec 9.000 fantassins et 7.000 cavaliers. Il passa la Meuse près de Mézières, et voulut prendre Chimay. Le courage et l'énergie des femmes de la ville le forcèrent à y renoncer. Continuant sa marche, il franchit la Sambre à Maubeuge, échoua dans un coup de main sur Binche et chercha à gagner la Campine par la chaussée Brunehaut. Il trouva la route barrée à Saint-Amand par les troupes hispano-belges. Ce fut la première bataille de Fleurus (29 août 1622). La lutte dura cinq heures et se termina par la défaite de Mansfelt.

Maurice de Nassau, puis Frédéric, son frère, entrèrent à leur tour en campagne et s'emparèrent de Bréda (1625), Grolle (1626), Wezel et Bois-le-Duc (1628), Nimègue, Venloo, Ruremonde, Maestricht, Rolduc, Fauquemont (1632).

Les heures de la Belgique paraissaient comptées.

Les Provinces-Unies ne demandaient rien moins
que le départ des troupes espagnoles, la démoli-
tion des forteresses, la fermeture de l'Escaut et de
la mer. Les États, désarmés, ne pouvaient qu'accepter ces humiliations. L'archiduchesse Isabelle
avait engagé ses bijoux pour subvenir aux frais des
troupes étrangères. Dans les troupes nationales,
la solde était réduite ; les officiers, entravés dans
leur avancement, exclus des commandements supérieurs.

Aucun des régiments nationaux ne suivit pourtant le comte de Bergh dans sa trahison, dont
l'objet était de céder aux Provinces-Unies le Brabant, la Flandre, la Gueldre et le Limbourg, tandis que la France aurait reçu le Hainaut, l'Artois,
le Tournaisis, la Flandre wallonne, le Namurois et
le Luxembourg.

Richelieu estima que les circonstances étaient
propices. Il déclara la guerre à l'Espagne et mit
la Belgique dans l'alternative ou d'accepter le
protectorat de la France et de la Hollande ou d'être
démembrée. La sommation succédait immédiatement à un désastre. Thomas de Savoie avait
accepté, le 20 mai 1635, une bataille inégale avec
l'armée française du duc de Bouillon. La rencontre
qui eut lieu à Les Avins-en-Condroz mit en présence 13.000 hommes des États et 25.000 Français.
Les Belges furent écrasés ; ils perdirent 5.000
morts et 16 canons.

Le duc de Bouillon rejoignit ensuite Frédéric de

Nassau à Maestricht et s'avança vers le Brabant. L'énergique défense de Louvain lui prouva que, même en ces heures de désespoir, le pays gardait sa foi. Les coalisés se retirèrent vers la Meuse où Ferdinand d'Autriche les poursuivit.

En 1636, les Espagnols prirent à leur tour l'offensive en Picardie, enlevèrent Saint-Quentin, Roye et Corbie et menacèrent Paris. Les coureurs de Ferdinand atteignirent même Chantilly. Cette énergique riposte sauva la Belgique. Jusqu'en 1643, à part une tentative de Frédéric de Nassau qui échoua de nouveau à Calloo (1638), la guerre eut lieu en Artois et en Picardie.

La part qu'y prirent les troupes nationales y décrut en importance, non en gloire. A Calloo, le 21 juin 1638, elles prirent à l'ennemi 60 étendards, 19 canons, 2.300 hommes. A Honnecourt, le 26 mai 1642, elles se distinguaient dans une bataille acharnée qui coûtait aux Français 4.000 morts, 3.000 prisonniers, tous leurs drapeaux et la fameuse cornette blanche, étendard royal, vierge de toute prise depuis Pavie. La célèbre infanterie de Francisco de Mellos, dont la bataille de Rocroy fut le tombeau, était en majeure partie composée des restes des vieilles bandes wallonnes. Une levée de 10.000 hommes (Flandre, 4.000 ; Brabant, 2.000 ; Hainaut, 1.000 ; Artois, 1.000 ; Lille, 800 ; Limbourg, 300 ; Tournaisis, 300 ; Namurois, 200 ; Gueldre, 200 ; Malinois, 200) avait été faite en 1638. Mais en 1641, ce furent des

troupes lorraines qui vinrent renforcer la défense
du pays.

La défaite de Rocroy (1643) excita les alliés.
Frédéric de Nassau reparut dans le nord de la
Flandre pendant que les Français la menaçaient
par le sud. Le Sas-de-Gand et Gravelines
furent pris. Puis Frédéric échoua dans ses coups
de main sur Anvers et Gand; à Deynze, 300
hommes retranchés dans le cimetière y tinrent
tête pendant sept heures à des forces dix fois supérieures. Les Français, de leur côté, s'emparèrent
de Bourbourg, Cassel, Lillers et Armentières
(1645). L'année suivante, ils firent de même pour
Courtrai, Bergues, Furnes et Dunkerque.

Ces efforts avaient pour but d'amener l'Espagne
à traiter, et aussi à maintenir les Hollandais dans
l'alliance. Ils n'eurent pas les résultats escomptés.
L'Espagne traita à Munster avec la Hollande.
L'accord se fit aux dépens de la Belgique qui céda
la rive gauche du Bas-Escaut, le Brabant septentrional, Maestricht et ses environs. L'Escaut et les
ports de la mer libre furent fermés. « Le traité
de Munster fit de la Belgique, « marché du monde,
un misérable cul-de-sac » (1648).

A ces malheurs, vinrent s'ajouter les conquêtes
des Français qui prirent Ypres et remportèrent la
victoire de Lens. Fort heureusement, les troubles
de la Fronde permirent aux Espagnols de recon-
quérir Dunkerque, Gravelines, Roye, Rocroy et
Stenay (1652-1653). Enfin, Turenne reprit la su-

périorité malgré les efforts de Condé, son adversaire. En 1655, il menaçait Mons ; en 1657, il était à Aire et Bourbourg ; en 1658, après la bataille des Dunes, il prenait Dunkerque, Bergues, Furnes, Dixmude, Ypres, Menin et Audenarde, et arrivait ainsi à portée de Bruxelles. L'Espagne signa le traité des Pyrénées.

La Belgique, amputée au nord, céda à la France la partie méridionale de la Flandre, du Hainaut, du Namurois et du Luxembourg.|

A la mort de Philippe IV, Louis XIV réclama les Pays-Bas au nom de sa femme et appuya ses prétentions en occupant les territoires qu'il convoitait.

L'invasion fut une promenade militaire.

L'armée concentrée autour d'Amiens, prit Armentières le 24 mai 1667, Binche le 31 mai, Charleroi le 2 juin. Bergues, Furnes, Courtrai, Tournai, Audenarde tombèrent de même sans grands efforts. Les seules résistances rencontrées le furent là où il y eut pillage, à Termonde où les inondations furent tendues et à Alost qui fut enlevée et détruite.

Il semblait que le « ressort du patriotisme fût brisé et que le peuple fût insensible à toute grande idée ». Aux yeux de certains, cette inertie légitima l'invasion, et « attesta qu'il n'y avait pas d'obstacles intérieurs à l'unité territoriale de la vieille Gaule ».

Cependant la paix d'Aix-la-Chapelle ne concéda pas toute sa conquête au roi de France. Celui-ci se contenta des enclaves qui lui furent accordées ; la Belgique, amoindrie et passive, paraissait vouée à tomber d'elle-même entre ses mains, comme un fruit mûr.

En attendant, Louis XIV déclara la guerre à la Hollande (1672). Son armée passa la Sambre à Charleroi, traversa le pays de Liége (qui avait sollicité et obtenu la reconnaissance de sa neutralité), et en deux mois fut à Utrecht et Nimègue. Les Hollandais, sans armée sérieuse, n'échappèrent au désastre qu'en inondant le pays.

Une coalition entre l'Espagne, l'Allemagne, l'Autriche et la Hollande se forma contre le roi de France. Louis XIV tenta d'en détacher l'Espagne en lui offrant les Provinces-Unies, les villes belges fournissant la monnaie d'échange. La transaction fut déclinée ; la Belgique devint le champ clos de toutes les nations.

Les Français venant de Courtrai passèrent la Lys à Deynze, menacèrent Gand et Bruxelles, assiégèrent Maestricht (1673). Les coalisés se donnèrent rendez-vous dans la principauté de Liége dont la neutralité, non défendue par la force, ne fut ainsi respectée par personne. Condé les rejeta sur Limbourg et s'empara de Daelhem et d'Argenteau ; puis il se rabattit sur Guillaume d'Orange, engagé sur la route de Mons et le battit à Seneffe (16 août 1674). L'année suivante, l'armée française s'assura la ligne de la Meuse, occupa la citadelle de Liége, Huy, Dinant, Givet et rasa Maeseyck. Elle porta ensuite son effort principal vers les Flandres. Pendant que Guillaume d'Orange échouait aux sièges de Maestricht (1676) et de Charleroi (1677), les Français prirent Condé, Bouchain, Aire (1676) ; Valenciennes, Saint-Omer et Saint-Ghislain (1677). Ils s'emparèrent en 1678 d'Ypres et même de Gand, où les bourgeois, indignés de voir la cité des Van Artevelde tomber en deux jours, brisèrent de colère leurs mousquets.

Enfin, après que les Hollandais eurent été battus à Saint-Denis, la paix se conclut à Nimègue. Comme dans les guerres précédentes, la Belgique en fit les frais. Outre des fragments de la Flandre wallonne et du Hainaut, attribués à Louis XIV, elle perdit même Maestricht que les Hollandais conservèrent (1678).

Huit ans plus tard, Louis XIV contesta certains points du traité. Il résolut les difficultés à son profit en occupant Chiny, Dinant (1682), puis en attaquant Luxembourg (1683) et Audenarde (1684). La trêve de Ratisbonne nous coûta encore Courtrai et Dixmude.

Cette trêve devait durer vingt-cinq ans. Elle fut rompue dès 1688 par l'inquiétude qu'éveillèrent les ambitions de Louis XIV. L'Espagne, l'Allemagne, la Suède, l'Angleterre, la Hollande se coalisèrent contre lui.

Le roi de France prévint l'attaque. Ses armées pénétrèrent dans le Palatinat et le pays de Liége. Les débuts furent peu heureux en Belgique ; le maréchal d'Humières fut défait à Walcourt par le prince de Waldeck (1689).

Mais Luxembourg remplaça Humières et força la Sambre à Moustier, le 29 juin 1690. Le lendemain, il culbutait la cavalerie de Waldeck à Fleurus ; le 1er juillet, il livrait bataille au corps principal posté entre Heppignies et Saint-Amand. Les Français tournèrent leurs adversaires par Ligny. Les alliés, cernés, se défendirent avec fureur. Waldeck avec une douzaine de bataillons et quelques escadrons, réussit à rompre le cercle et à gagner le bois d'Heppignies, sous un feu et des charges terribles. Il perdit 6.000 morts, 2.000 prisonniers, 55 canons, une centaine de drapeaux.

Mons fut ensuite investie et prise par les Français ; Hal, brûlée ; Liége, bombardée (1691). C'étaient les préludes du siège de Namur.

Celui-ci commença en mai 1692. Le 20, le roi de France passa en revue les 120.000 hommes de l'armée assiégeante ; le défilé dura sept heures. L'investissement eut lieu le 24 mai ; trente-sept jours après, l'assaut fut donné et la place prise. En tête des colonnes d'assaut, à la place d'honneur, marchaient trois régiments flamands, en service dans l'armée française.

Guillaume d'Orange chercha à inquiéter les opérations du corps de siège. Il surprit l'armée de couverture à Steenkerque; mais le terrain, coupé et parsemé de haies, entrava son attaque. Les Français se ressaisirent ; la maison du roi, pied-à-terre, prit le mousquet et refoula une division anglaise après un combat violent. Guillaume d'Orange abandonna le champ de bataille, couvert de 15.000 tués et blessés.

L'année suivante, l'invasion s'étendit vers Huy et le Limbourg, couvrant le pays de Liége. A la tête d'une armée anglo-hollando-hispano-allemande, Guillaume d'Orange chercha à la refouler aux confins du Brabant. Il prit position entre Neerwinden et Neerlanden, ses ailes appuyées aux ruisseaux, son centre couvert par un fort retranchement. Tout l'effort de Luxembourg se porta d'abord sur la droite des alliés. Neerwinden fut pris et repris deux fois; il resta aux mains des Anglais qui le défendaient. En attendant l'issue de ce combat, la cavalerie française avait impassiblement subi pendant quatre heures le feu de quatre-vingts pièces de canon. Luxembourg la jeta sur le retranchement du centre ; elle échoua. Reformée, elle renouvela ses charges et échoua encore. Enfin, à 13 heures, les gardes françaises emportèrent Neerwinden dans une charge à la baïonnette, la première de l'histoire. Des charges vigoureuses de la cavalerie anglaise couvrirent la retraite des alliés. Ils perdaient 12.000 hommes,

76 canons, 8 obusiers, 80 drapeaux (29 juillet 1693).

Charleroi capitula quelque temps après la journée de Neerwinden. Sa garnison, forte de 4.500 hommes, n'en comprenait plus que 1.200 quand elle déposa les armes.

En fait, à ce moment, le Luxembourg et le Namurois étaient conquis. Mais Villeroi succéda à Luxembourg et la fortune changea.

Guillaume d'Orange reprit Huy (1694) et Namur (1695). Ce nouveau siège commença le 1er juillet; la ville se rendit le 4 août. Battu au préalable par 150 gros canons et 55 mortiers, le château fut, le 31 août, l'objet d'un assaut en plein jour. Il capitula le 6 septembre. Les Français étaient réduits de 13.000 à 5.000; les alliés perdaient 18 à 20.000 hommes.

Pour faciliter le siège, Villeroi avait été attiré en Flandre maritime par une fausse manœuvre. Il riposta par une diversion sur le cœur du pays, marcha par Dixmude et Deynze et vint bombarder Bruxelles. 4.000 maisons furent détruites; les dégâts furent évalués à 20 millions de francs. La diversion n'eut pas d'autre résultat.

Les deux adversaires étaient également épuisés. Ils négocièrent la paix de Ryswyck. La ville et le duché de Luxembourg, le comté de Chiny, les villes de Charleroi, Mons, Ath, Tournai, Dinant furent restitués à la Belgique (1697).

L'avènement au trône d'Espagne de Philippe V, petit-fils de Louis XIV, remit toute l'Europe en armes.

Le roi de France projeta d'abord de se couvrir en Belgique d'une ligne défensive et de mener en Allemagne l'action principale. Cette ligne partait de Cadzand, passait par le Sas-de-Gand, Hulst, Stekene, Saint-Gilles-Waes, Anvers, Lierre, Aerschot. Diest, Léau, Boneffe, Fallais et Huy où elle s'appuyait à la Meuse.

Il chercha en outre à organiser militairement le pays. Il restait quelques milliers de soldats dépourvus de tout. Les arsenaux, les magasins étaient vides. On avait mis à pied la cavalerie. « J'ai eu « quelquefois trois régiments pour former un esca- « dron ; le terce wallon dont j'allai prendre le « commandement à Ostende était fort de 160 « hommes », raconte le feld-maréchal de Merode.

La France fournit argent, vêtements, matériel. 3.250 hommes furent levés en Flandre ; 2.000 en Brabant ; 5.000 dans les autres provinces. « On « vit naître tout à coup 52 beaux et bons batail- « lons et 49 beaux et bons escadrons qui firent « merveille. »

Les Anglo-Hollandais, commandés par Marlborough, prirent l'offensive les premiers et assiégèrent Kaiserwerth. Boufflers envahit la Gueldre. Au delà de la Meuse, il rencontra un détachement allié placé sous les ordres du comte d'Athlone et le refoula sur Nimègue.

Le manque de vivres, comme aussi la mésintelligence entre les troupes belges et les troupes espagnoles arrêtèrent la marche de Boufflers et facilitèrent le retour offensif de Marlborough qui prit Ruremonde, Venloo et Liége (1702), puis Maestricht, Limbourg et Huy. Un de ses lieutenants, Obdam, tenta de son côté une attaque sur Anvers. Les troupes belges refoulèrent l'assaillant à Eeckeren (1703).

Renouvelant alors les tentatives de morcellement de 1635 et de 1673, Louis XIV offrit à l'électeur de Bavière de partager la Belgique : Luxembourg, Namur, Charleroi et Mons étant rattachées à la France. Les coalisés n'acceptèrent point la proposition ; la guerre continua avec une ampleur croissante.

Huit armées françaises furent mises sur pied : une en Flandre, deux en Allemagne, trois en Italie, une dans les Cévennes et une en Espagne.

Marlborough manœuvra d'abord sur la Moselle, revint ensuite sur la Meuse, passa la Gèthe à Léau et fut repoussé sur la Dyle à Neeryssche par Villeroi (1705). Avançant à leur tour, les Français prirent Léau. Marlborough, reprenant son mouvement vers l'Est, marcha de Tongres par Waremme et Boneffe.

Villeroi l'attendit sur la position de Ramillies ; sa droite était à Taviers ; sa gauche à Ramillies-Offus et Autre-Église. La bataille eut lieu dans l'après-midi du 23 mai 1706.

Marlborough attaqua d'abord en vain Autre-Église. Portant ensuite son effort sur le centre français, il lança 15 bataillons sur Ramillies ; il échoua encore.

Dans l'entretemps, sa cavalerie rompit la cavalerie française et enveloppa la droite de l'armée. Ramillies fut alors enlevé ; Villeroi se replia sur Jodoigne. Sa retraite fut changée en déroute par une charge des escadrons anglais. La bataille avait coûté 2.000 hommes : sa retraite en coûta 6.000. En outre, 56 canons et beaucoup de drapeaux restèrent aux mains du vainqueur.

Villeroi recula jusque derrière la Lys, abandonnant à Marlborough seize places, dont Audenarde, Ostende, Courtrai, Menin, Termonde et Ath.

La Belgique était délivrée et « Marlborough aurait « gagné les villes si les Hollandais n'avaient voulu « leur faire payer les frais de la guerre ». Les États s'y refusèrent ; ils ne voulaient intervenir en rien dans la guerre et supprimèrent l'armée nationale levée en 1701 par Philippe V. Ils se dépouillèrent ainsi de toute influence et de tout crédit ; leur décision fut d'autant plus néfaste que la guerre continua et que les coalisés leur imposèrent la formation de 7 régiments d'infanterie et 3 de cavalerie.

En 1708, les opérations en Belgique commencèrent à prendre une tournure décisive ; Louis XIV cherchait un coup d'éclat en Flandre. Gand fut prise par surprise le 8 juillet et Audenarde assiégée. Marlborough dégagea cette ville après la bataille indécise de Bevere; rejoint ensuite par le prince Eugène, il occupa Comines et investit Lille. L'électeur de Bavière et le duc de Vendôme tentèrent en vain de faire lever le siège, l'un en faisant une incursion sur Bruxelles, l'autre, par des démonstrations à Mons-en-Puelle. Lille capitula; Gand fit de même peu après.

Villars, qui succéda à Vendôme en 1709, arrêta les alliés à La Bassée. Ceux-ci se consacrèrent aux sièges de Tournai et de Mons. Villars sortit de ses lignes et les attaqua à Malplaquet. Ce fut la plus sanglante bataille des guerres de Louis XIV; les coalisés perdirent 20.000 hommes, et les Français 14.000 (1709).

Marlborough et le prince Eugène forcèrent alors les lignes de l'Artois et s'emparèrent de Douai, Béthune, Aire; mais, harcelés par Villars, ils perdirent quelque 40.000 hommes (1710).

Enfin en 1712, pendant que le prince Eugène opérait vers Landrecies, Villars attaqua le duc d'Albermale à Denain et remporta une victoire qui termina la guerre.

Les traités d'Utrecht, de Rastadt et de Bade réglèrent la question de la succession d'Espagne; celui de la Barrière consacra l'humiliation de la Belgique.

En 1707, les États, d'ailleurs influencés par Guillaume de Hollande qui avait intérêt à voir la Belgique désarmée, avaient refusé de subvenir aux frais de l'armée nationale formée par Phi-

lippe V. Louis XIV, qui appréciait la valeur de
ces troupes, conseilla à son petit-fils de se les
attacher. Faute de 200.000 écus, quinze régiments
nationaux, savoir : Anvers, Malines, Bruges,
Ostende, Courtrai, Gand, fusiliers de Flandre,
Bruxelles, Brabant, Hainaut, Charleroi, Namur,
Luxembourg, Venloo et Gueldre partirent ainsi pour
l'Espagne où ils firent brillante figure sous le nom
de gardes wallonnes. Mais les États furent dès lors
privés de soldats expérimentés et on ne leur tint
aucun compte de la levée ultérieurement imposée
par les coalisés.

La garde des forteresses belges de Furnes,
Knocke, Ypres, Menin, Tournai, Charleroi, Namur,
Gand, Termonde fut confiée à des troupes hollandaises dont l'entretien, 2.300.000 florins par an,
incombait à notre pays. L'Escaut restait fermé à
tout commerce.

Depuis la mort de Charles le Téméraire (1477)
jusqu'au traité de la Barrière (1715), seize guerres
s'étaient déroulées en territoire belge; à vingt-
cinq reprises, le pays avait connu l'invasion; et
ces deux siècles et demi de souffrances matérielles
se terminaient par la consécration d'une sorte de
déchéance nationale : la défense du sol natal confiée à des étrangers. Tels étaient les résultats d'une
conception politique qui, en ne faisant valoir les
droits du pays que par des paroles de protesta-
tion, semblait indiquer qu'il renonçait aux actes
dictés par le devoir national.

A la mort de l'empereur d'Autriche, Charles VI, une nouvelle guerre générale se déchaîna en Europe.

Charles VI avait espéré assurer sa succession à sa fille Marie-Thérèse. Tous les souverains étrangers avaient sanctionné la loi de succession promulguée par le monarque défunt. Il n'y avait pas matière à contestation en droit. Mais, en fait, des compétitions s'éveillèrent partout ; l'Empire était faible. Charles VI n'avait tenu aucun compte des conseils du prince Eugène, qui lui avait dit souvent et répétait encore à son lit de mort : « Deux cent mille bons soldats assureront mieux l'héritage que tous les traités du monde. ».

Frédéric II envahit la Silésie en décembre 1740, pour appuyer ses prétentions. La France et la Bavière entrèrent en lice peu après. La guerre se déroula d'abord en Bohême, en Italie et sur le Mein. En 1744, elle s'étendit en Belgique, champ de bataille séculaire.

Quatre-vingt mille hommes, sous le duc de Noailles et le maréchal de Saxe, passèrent la Lys, le 18 mai 1744, et envahirent la Flandre. En quatre semaines, les places de la Barrière défendues par les Hollandais tombèrent entre leurs mains. Courtrai, Menin, Ypres, Knocke, Furnes, Dixmude offrirent une résistance qui varia entre quatre jours et vingt-quatre heures.

Mais une invasion de Pandours et de Croates en Lorraine et Basse-Alsace rappela une partie de l'armée de Flandre. Le maréchal de Saxe, laissé seul, réussit à conserver les places et à user le maréchal anglais Wade, d'ailleurs mal secondé par les Hollandais.

En 1745, les Français entreprirent le siège de Tournai. Le prince de Waldeck et le duc de Cumberland concentrèrent 50.000 hommes à Soignies et marchèrent sur Tournai. Les Français les attendirent à Fontenoy, leur droite à Antoing, leur gauche au bois de Barry. Des redoutes renforçaient ces trois points.

Les Hollandais attaquèrent Antoing ; les Anglais, Fontenoy. Les premiers furent contenus. Quant aux Anglais, formés en une seule colonne de 16.000 hommes, ils s'avancèrent vers les gardes françaises. On rapporte que, quand la tête de colonne anglaise fut arrivée à cinquante pas de ses adversaires, les officiers des deux armées se saluèrent. Un capitaine, lord Hay, s'écria alors : « Faites donc tirer vos gens ! » — « Non, Monsieur ! à vous l'honneur ! » répliqua le comte d'Auteroche.

Précédée de feux roulants exécutés comme à l'exercice, la colonne anglaise marcha de l'avant et enfonça le centre français. Le maréchal de Saxe fit converger sur elle tout ce qu'il avait de disponible. La cavalerie fut lancée en front, pendant que six pièces d'artillerie ouvraient à bout portant un feu d'écharpe sur la colonne. L'infanterie se rabattit sur les deux flancs. Les Anglais ne purent se déployer et furent foudroyés sous une grêle de feux (11 mai 1745).

Ce fut la revanche de Neerwinden. Tournai capitula, suivie bientôt d'Audenarde et de Termonde ; Gand, Bruges, Nieuport, Ostende et Ath se rendirent. La Flandre et une partie du Hainaut furent ainsi occupées.

L'année suivante, le maréchal de Saxe investit et prit Bruxelles. Il y trouva, outre l'oriflamme prise à Pavie, les drapeaux pris en 1693, et les renvoya en France. Anvers, Mons, Saint-Ghislain, Huy, Charleroi et Namur tombèrent successivement. Les Français s'approchèrent de Liége. Les alliés offrirent la bataille à Rocourt ; ils y furent battus et forcés à la retraite après la perte des villages d'Ans, Liers et Rocourt (11 octobre 1746).

En 1747, les armées de Louis XV étendirent leurs conquêtes au nord de la Flandre jusqu'à l'Escaut et menacèrent ensuite Maestricht. En cherchant à couvrir la place, le duc de Cumberland essuya une défaite à Lawfelt. De même qu'à Fontenoy, la division anglaise, reformant sans cesse ses rangs, opposa une résistance acharnée. Après cinq heures de combat, la victoire se dessina au prix de pertes sanglantes. De même qu'à Neerwinden, de vigoureuses charges de la cavalerie anglaise couvrirent la retraite de l'armée alliée. Cette année encore, Berg-op-Zoom, qui passait pour imprenable, fut emportée d'assaut après deux mois de siège.

Enfin, Maestricht tomba en 1748 après quatorze jours de tranchée.

La Hollande céda et la paix d'Aix-la-Chapelle fut conclue. Louis XV n'y obtint, malgré ses victoires, que des avantages insignifiants.

Quarante années de paix s'écoulèrent.

En 1789, le peuple se détermina à exprimer plus explicitement ses aspirations intimes.

Les tracasseries de Joseph II, jointes à la répercussion des événements qui se produisaient en France, provoquèrent la réunion à Bréda d'un certain nombre de patriotes émigrés en Hollande pour échapper aux persécutions du général autrichien d'Alton.

Les agents de la Prusse encouragèrent le mouvement. Ils promirent des troupes hessoises, brunswickoises et prussiennes, ainsi que 180 canons. Ces paroles séduisaient assez un des chefs du mouvement, Van der Noot, qui estimait que « les citoyens ne devaient pas combattre ».

Mais Vonck, son collègue, décida de tenter le coup quand il vit que le cabinet de Berlin ajournait le secours promis.

Deux colonnes de volontaires partirent de Bréda vers la mi-octobre. L'une, placée sous les ordres du liégeois Ransonnet, prit Lillo et marcha sur Anvers. L'autre occupa Hoogstraeten; elle était commandée par Van der Meersch, originaire de Menin et ancien officier du régiment français de La Mark où ses quatorze blessures lui avaient valu le surnom de « Brave Flamand ».

Le 25 octobre, Van der Meersch attira dans
Turnhout le corps du général autrichien Schröder,
l'assaillit de front et de flanc et, après cinq heures
de combat, le força à se retirer en abandonnant
trois canons. Puis il s'étendit en Campine et s'empara de Diest, Léau, Tirlemont par d'habiles diversions, pendant que la révolte se propageait en
Flandre, en Brabant et en Hainaut et dans le
pays de Liége. Un corps de 1.000 volontaires,
commandés par le major Devaux et le jeune prince
de Ligne, s'empara par surprise de la citadelle de
Gand. L'insurrection éclata à Bruxelles presqu'en
même temps.

Les Autrichiens se retirèrent à quinze lieues
derrière la Meuse. Le 17 décembre, Van der Meersch
entrait à Namur. Ses détachements de poursuite
atteignirent Saint-Hubert. Des escarmouches s'engagèrent à la lisière nord de la forêt depuis Nassogne jusque Halma.

Le cabinet de Berlin s'occupa alors de diriger le
mouvement suivant ses propres intérêts ; il s'at-
tacha à substituer à Van der Meersch le général
prussien Schoenfeld. Celui-ci arriva en Belgique
avec 7.000 hommes sous prétexte de hâter la reddition d'Anvers. Le 29 janvier 1790, il était promu
lieutenant-général et, le 6 avril, Van der Meersch
dut lui céder le commandement.

Dans l'entre-temps, onze régiments d'infanterie,
un par province, une légion liégeoise, une légion
belgique, quatre corps de chasseurs et cinq régi-

ments de cavalerie avaient été facilement réunis tant le peuple montrait de bonne volonté. Mais ils manquaient de tout, le congrès des États Belgiques-Unis s'imaginant que l'enthousiasme était capable de remplacer le matériel et l'organisation.

Les troupes belges formèrent deux groupes sous le nom de colonne d'Andoy et colonne de Bouvignes.

En mai 1790, les Autrichiens renforcés commencèrent un mouvement vers l'intérieur du pays. Ils rencontrèrent les colonnes belges avant qu'elles pussent se concentrer et les battirent en détail à Neupont, Hogne, Mirwart, Rochefort et Ychippe.

L'attaque de la colonne de Bouvignes força le commandant autrichien, Bender, à suspendre sa marche. Cette colonne passa la Meuse à Freyr et enleva la ferme de Haut, entre Falmignoul et Anseremme. Une contre-attaque les rejeta sur la rive gauche après un vif combat.

Les Autrichiens reprirent leurs progrès en juillet. Ils atteignirent le front Coutisse-Evrehailles-Sprimont ; les patriotes les combattirent sans succès. Enfin, après un combat heureux à Coutisse, ils tentèrent une attaque générale le 22 septembre. Une colonne attaqua par Andoy et Assesse ; trois par Andenne et La Neuville ; deux par Anseremme et Hastière. Elles remportèrent des succès initiaux, mais subirent ensuite des échecs dans les combats violents d'Assesse, Anseremme et Blaimont. L'armée des patriotes, battue, repassa la Meuse et se disloqua.

Le 25 novembre, les Autrichiens occupèrent Namur ; ils furent à Bruxelles en quelques jours.

Les régiments nationaux au service d'Autriche ne se rallièrent pas à l'armée des patriotes. Hésitants au début du mouvement, ils ne le combattirent point, éprouvèrent quelques défections individuelles et furent ramenés dans le Luxembourg. L'intervention des Prussiens avec lesquels ils s'étaient mesurés pendant la guerre de Sept ans, leva leurs hésitations. Ils restèrent fidèles aux drapeaux qu'ils avaient couvert de gloire à Prague, à Kollin, au Holzberg, à Hochkirch et à Maxen.

L'ère des guerres de la Révolution et de l'Empire, suivit de peu la dispersion de l'armée des patriotes. La Belgique en connut les débuts et la fin : les premières invasions de 1792 et 1794 ainsi que le revers suprême de 1815.

Le 20 avril 1792, la France déclara la guerre à l'Autriche. Les hostilités commencèrent immédiatement en Belgique. Trois colonnes parties de Dunkerque, de Lille et de Valenciennes marchèrent respectivement sur Furnes, Courtrai et Mons. De plus, l'armée de Lafayette remonta la vallée de la Meuse.

Les opérations ne furent pas heureuses. Le général belge Beaulieu attaqua à Quaregnon la colonne de Valenciennes et la mit en déroute. Celle de Lille eut le même sort à Marquin et à Baisieux. Lafayette ne dépassa pas Bouvignes. Les troupes nationales jouèrent un rôle très brillant dans ces engagements.

Le duc de Saxe-Teschen, qui commandait les forces autrichiennes, se borna d'abord à prendre Bavay et à contenir les envahisseurs sur la frontière. Des combats d'avant-postes s'y livrèrent, vers la mi-mai, à Maulde, Rumigny et Mouchin, ainsi qu'à la fin de juin, à Herseaux et Nechin.

En juillet, le duc de Saxe reçut des renforts ; il menaça Lille pendant que Clerfayt, parti d'Arlon, cherchait à entrer en Champagne. Les Français firent une contremanœuvre, occupèrent temporairement Menin et Ypres, pénétrèrent dans les faubourgs de Courtrai qui furent incendiés. Ils n'empêchèrent pas le duc de Saxe de poursuivre son projet. Le 3 septembre, Beaulieu prit Quiévrain ; des combats s'engagèrent à Wervicq, Comines, Warneton et Pont-Rouge. Saint-Amand et le camp de Maulde furent enlevés par Latour, le 7 septembre ; le 24, les Français étaient refoulés derrière la Lys, et la tranchée ouverte devant Lille. Le bombardement de la ville commença le 29. La population rivalisa de bravoure avec la garnison ; cette attitude, ainsi que l'échec de Valmy, amenèrent la levée du siège. Le duc se retira sur Mons ; il y fut bientôt suivi par les Français.

Ceux-ci marchèrent de nouveau en trois colonnes, ayant pour objectifs Namur, Mons et Tournai.

La colonne du centre était forte de 40.000 hommes, sous Dumouriez. Le 6 novembre, elle rencontra à

Jemappes l'armée de Clerfayt, inférieure de moitié mais retranchée dans une forte position entre Jemappes et Bertaimont. Après une canonnade de trois heures, les Français donnèrent un vigoureux assaut sur les redoutes de Cuesmes, les enlevèrent et enfoncèrent le centre de l'armée impériale. Les héroïques efforts de Clerfayt, à pied, en grande tenue, au milieu de son infanterie, ne réussirent pas à briser l'élan des bataillons républicains. L'artillerie autrichienne était découverte et menacée de près ; la cavalerie française s'apprêtait à les charger. Trois escadrons autrichiens se jetèrent sur les Français victorieux. « Si le « terrain n'avait pas été coupé de fossés et semé « de flaques d'eau, cette charge suprême eût peut- « être décidé de la victoire. » Mais un chemin creux arrêta les cavaliers. La charge livra aux Autrichiens six canons et permit à Clerfayt de se retirer en bon ordre sur Bruxelles.

Les Belges se signalèrent, à Jemappes, dans les rangs des deux partis. Ceux qui servaient dans l'armée française enlevèrent d'assaut Quaregnon ; quant à la brillante charge finale, elle fut conduite par le capitaine de Mesemaker, des dragons de Latour.

L'armée autrichienne évacua la Belgique. Tournai fut occupé le 8 novembre ; Charleroi, le 10 ; Bruxelles, le 14 ; Anvers, le 30. Namur capitula le 2 décembre. Des petits combats d'arrière-garde se livrèrent à Anderlecht, Cumptich, Saint-Trond,

Tongres, Stockheim, Peer, Alleur et Rocourt. Les troupes impériales du Luxembourg suivirent le mouvement de retraite et abandonnèrent la vallée de la Semois.

Pendant l'hiver, Dumouriez étendit ses opérations en Hollande. Le prince de Saxe-Cobourg en profita pour forcer le passage de la Roer à Aldenhoven et faire lever le siège de Maestricht. Les dragons belges pénétrèrent à cheval dans les redoutes de Honingen « chargeant sous le feu du canon avec une fureur qu'on ne peut décrire ». Les alliés leur durent la victoire (1er mars 1793). Aix-la-Chapelle fut prise le lendemain, et la Meuse atteinte en deux jours.

Dumouriez rallia ses forces derrière la Petite-Gèthe. Une nouvelle bataille y eut lieu le 18 mars, de part et d'autre de Neerwinden, depuis Dormael jusqu'à Racour. Les Français franchirent la rivière et s'efforcèrent d'envelopper la gauche autrichienne. Un très violent combat, longtemps indécis, se livra entre Racour et Neerwinden. A l'autre aile, les troupes du général Miranda qui avaient débouché d'Orsmael furent refoulées en désordre par une énergique offensive du prince Charles. Dumouriez, battu, se replia sur Lille. Ses arrière-gardes combattirent encore le 19 à Tirlemont, le 22 à Pellenberg et Bierbeek.

Les hostilités se reportèrent à la frontière sud du pays ; les alliés s'absorbèrent dans le siège des places de Valenciennes, du Quesnoy, de Maubeuge

et de Dunkerque. Celui de Valenciennes dura trois
mois ; la reddition fut provoquée par un audacieux
coup de main de douze grenadiers wallons qui
s'emparèrent par surprise d'un bastion important.
Le siège de Dunkerque provoqua la bataille de
Hondschoote, et celui de Maubeuge, la bataille de
Wattignies. Pendant cette dernière journée
(16 octobre 1793), une colonne française forte de
3.500 hommes et de 13 canons sortit de Philippeville pour rejoindre le gros de l'armée. Attaquée
à Boussu-lez-Walcourt par un escadron et demi de
dragons de Latour et deux compagnies, elle fut
mise en déroute, laissant aux mains des vainqueurs
400 hommes, 12 canons et 20 caissons.

Les succès des Français à Hondschoote et Wattignies eurent pour résultat de ramener les opérations en territoire belge.

Houchard s'avança vers l'Yser et le long de la
Lys. Ses troupes prirent Furnes et furent arrêtées
à Ramscappelle et Nieuport par les inondations ;
sur la Lys, elles furent battues à Bisseghem.

Jourdan, de son côté, chercha en vain à forcer
la Sambre. Merbes-le-Château, La Buissière et
Marchienne-au-Pont furent le théâtre d'engagements répétés.

Les deux adversaires passèrent l'hiver sur la
défensive, se bornant à escarmoucher autour des
places d'Orchies, Lille et Maubeuge.

Au printemps de 1794, Carnot décida de porter
de grands coups en Belgique qui devint donc le
théâtre principal des opérations.

Les coalisés étaient formés en trois corps : sous Clerfayt, en Flandre ; Cobourg, en Hainaut ; Kaunitz, dans l'Entre-Sambre-et-Meuse. Pichegru les attaqua sur tout le front depuis Dunkerque jusqu'à Philippeville. Il remporta des succès aux ailes, mais échoua au centre.

En Flandre, Souham prit Courtrai et Moreau investit Menin. En cherchant à délivrer cette place, Clerfayt fut surpris à Mouscron (29 avril). Dans l'Entre-Sambre-et-Meuse, Kaunitz dut se retirer devant Charbonnier. Par contre, Landrecies tomba le 30 avril aux mains des coalisés.

La nécessité d'envoyer des renforts en Flandre ramena les Impériaux sur la Sambre. Reprenant leur offensive, les Français abordèrent la rivière, le 10 mai, depuis Erquelinnes jusque Charleroi. Ce fut le début de sept semaines de combats violents et meurtriers. Les assaillants forcèrent le passage à Merbes-le-Château et à Thuin, poussèrent une reconnaissance sur Binche, furent battus à Grand-Reng, repassèrent la rivière le 24 et levèrent le siège de Charleroi.

Le 29, ils se reportèrent en avant, enlevèrent Marchienne-au-Pont, atteignirent Fontaine-l'Évêque, Gosselies, Forchies-la-Marche et furent encore rejetés sur la rive droite.

Sur ces entrefaites, Jourdan parut devant Charleroi avec l'armée de la Moselle. Il avait traversé le Luxembourg en repoussant Beaulieu, pris Arlon et franchi la Meuse à Dinant. Le 12 juin, avec

75.000 hommes, il força une troisième fois la Sambre en aval de Charleroi. Une vive bataille se livra le 16 juin, autour de Fleurus, à Heppignies, Campinaire, Lambusart et Velaine. Beaulieu reprit Velaine et Latour, Heppignies. Jourdan fut rejeté sur la Sambre.

Enfin, une quatrième tentative des Français donna de meilleurs résultats. Le 26 juin, la bataille s'étendit de Trazegnies à Velaine. Latour enleva Trazegnies tandis que Beaulieu emportait Velaine et Lambusart. Mais le centre des coalisés n'appuya pas ces succès. D'après Jomini, cette journée qui décida du sort de la Belgique aurait été gagnée par les alliés si la valeur et l'habileté que déployèrent les généraux belges Latour et Beaulieu avaient été secondées par l'action des autres colonnes. Mais la bataille n'était livrée que pour l'honneur des armes impériales. Charleroi était tombée le 25; Clerfayt était refoulé en Flandre; enfin, François II, découragé par l'apathie des États provinciaux ainsi que par les tergiversations de ses alliés, avait décidé de ramener son armée sur la Meuse et de livrer la Belgique à son sort.

En Flandre, dès le mois de mai, Clerfayt s'était difficilement maintenu devant des forces supérieures. Battu à Tourcoing le 18 mai, il avait eu meilleure chance le 22 a Pont-à-Chin, Templeuve et Blandain. Mais il ne put empêcher l'invasion de la Flandre. Pichegru investit Ypres en juin et maintint Clerfayt à Langemarck le 10 et à Hooglede le 13. Ypres capitula le 17. Clerfayt se retira sur Gand et Malines, livrant quelques engagements d'arrière-garde à Deynze (23 juin), Gand (24 juin), Audenarde (27 juin).

Mons tomba également, vers cette époque, après un petit combat.

La poursuite des Français fut lente. Elle fut marquée par des combats à Malines le 15 juillet, à Tongres le 5 août.

A la mi-septembre, Schérer attaqua Latour à Aywaille ; celui-ci se retira sur Aix-la-Chapelle en défendant successivement Sprimont, Clermont et Herve.

Le 20 octobre, les coalisés repassaient le Rhin.

Dans l'entre-temps, les dernières places : Landrecies, Valenciennes, le Quesnoy, Condé et Luxembourg capitulaient l'une après l'autre. La conquête était achevée.

La Belgique traversa une période de calme, troublée seulement par une insurrection que provoquèrent les réquisitions et l'application de la conscription au pays. Le mouvement éclata dans les premiers jours d'octobre 1798. Il s'étendit rapidement dans la province d'Anvers, le pays de Waes, les collines de Renaix, le nord du Hainaut, le nord du Brabant et la Campine. Les engagements furent parfois très vifs, tels ceux d'Enghien (26 octobre), Hérenthals (29 octobre), Moll et surtout Hasselt (4 décembre). Cette journée fut la dernière ; 3.000 hommes y luttèrent avec un acharnement incroyable.

La défaite de Napoléon à Leipzig en 1813 mit fin à l'occupation française. Au début de janvier 1815, une armée russo-allemande passa le Rhin et atteignit la Meuse dans les derniers jours du mois. Elle était à Bruxelles, le 1er février ; à Namur et à Termonde, le 3 ; à Gand, le 4 ; à Mons, le 5 ; à Audenarde et à Ath, le 10 ; à Tournai, le 19 ; à Courtrai et à Menin, le 23. La marche de cette armée fut seulement contrariée par la résistance des places de Venloo, Maestricht, Luxembourg et Anvers, ainsi que par le petit combat de Sweveghem. En mai, toutes les places avaient capitulé.

Les guerres de l'Empire semblaient terminées.

Mais Napoléon, échappé de l'île d'Elbe, rentra à Paris, le 20 mars 1815. Les alliés rappelèrent leurs armées sur les frontières de la France. Une armée prussienne, sous Blücher, se concentra autour de Namur ; une armée anglo-hollandaise, sous Wellington, se forma autour de Bruxelles.

Napoléon choisit la Belgique comme théâtre de ses nouvelles opérations et projeta de séparer les alliés pour les battre ensuite successivement.

Il prescrivit des démonstrations autour de Lille et de Dunkerque pour détourner l'attention de ses adversaires et rassembla son armée dans l'Entre-Sambre-et-Meuse. Le 14 juin au soir, elle s'étendait de Solre-sur-Sambre à Philippeville. Le lendemain, elle se porta en avant, passa la Sambre et refoula les avant-postes prussiens au nord de Charleroi.

A la première nouvelle de la marche des Français, Blücher était venu à Fleurus pour se rapprocher de Wellington. Le 16, vers midi, Napoléon attaqua son armée déployée entre Ligny et Saint-Amand pendant que l'aile gauche, sous Ney, marchait sur les Quatre-Bras. Après un combat furieux, les troupes françaises prirent Saint-Amand et entrèrent dans Ligny en feu. La lutte s'y continua jusqu'à la tombée de la nuit ; enfin, vers 20 h. 30, le village fut emporté dans l'obscurité et la pluie par les grenadiers de la garde.

A la gauche, Ney s'en laissa imposer par une brigade hollando-belge qui tenait les Quatre-Bras et donna à Wellington le temps d'envoyer des renforts. Là aussi, la lutte fut très vive. De même qu'à Jemappes, il se trouvait des Belges dans les deux partis ; des officiers et des soldats qui avaient servi dans le même régiment de cavalerie française, se retrouvèrent face à face près de la ferme de Gemioncourt et se chargèrent.

La journée se termina à l'avantage des Français. Blücher se retira sur Wavre et Wellington sur Bruxelles.

Napoléon détacha Grouchy à la poursuite des Prussiens et marcha contre les Anglais avec le gros de ses forces. Il les trouva prêts à la lutte sur la position de Mont-Saint-Jean. Le 18 juin, vers 11 heures, la bataille commença par l'attaque des avant-postes de Goumont, la Haie-Sainte, la Papelotte, la Haye et Fichermont. Le combat s'éternisait autour de ces points et particulièrement autour de Goumont quand les Prussiens furent signalés dans la direction de Wavre. Napoléon. chercha à obtenir une décision avant leur intervention ; il lança le corps d'Erlon sur la gauche alliée, composée du 95e régiment anglais et de la brigade hollando-belge Bylandt. Battue par 78 canons, la première ligne fut enfoncée, mais la deuxième tint bon. Des charges vigoureuses de la cavalerie anglaise donnèrent alors quelque répit ; d'autre part, les Français étaient toujours arrêtés par la résistance de la Haie-Sainte et s'épuisaient autour de Goumont. Enfin, la Haie-Sainte fut prise.

Vers 16 heures, l'artillerie française rendit intenable la position du centre anglais. Wellington le ramena en arrière. Ney crut le moment propice et fit charger sa cavalerie. Ses efforts furent opiniâtres et désespérés ; mais ils se brisèrent sur la ténacité de l'infanterie britannique. La situation de Wellington était néanmoins critique.

Vers 17 heures 1/2, pendant que Ney renouvelait ses attaques, le corps de tête de l'armée de Blücher s'engageait tout entier et s'emparait de Plancenoit. Trois bataillons de la vieille garde reprirent le village et ne purent s'y maintenir devant les forces prussiennes sans cesse croissantes.

Napoléon tenta un dernier coup. Dix bataillons de la vieille garde furent jetés sur les troupes de Wellington ; ils ne réussirent pas à les rompre.

Vers 20 heures, les alliés passaient à l'offensive sur tout le front et marchaient sur la Belle-Alliance. Les quatre derniers bataillons de la vieille garde formés en carrés s'efforcèrent en vain de les arrêter. La nuit et l'épuisement des vainqueurs arrêtèrent la poursuite.

Grouchy, contenu à Wavre par une arrière-garde, se retira sur Namur et Givet. L'invasion avait duré cinq jours.

A l'occupation française succéda la période de réunion à la Hollande, solution qui fut certes un fruit artificiel de la diplomatie, car Belges et Hollandais étaient séparés, sinon opposés, par bien des questions de sentiment et d'intérêt.

Quelques années de vie commune mirent à jour ces divergences et amenèrent la rupture.

La révolution éclata le 25 août 1830. Les troupes hollandaises ne purent se rendre maîtresses du mouvement. A la fin du mois de septembre, après un combat autour du parc de Bruxelles, elles se retirèrent sur Anvers et la Hollande, harcelées par des corps de volontaires.

La Belgique était enfin libre ; mais, de même que quarante ans auparavant, la facilité du succès égara les esprits. En prévision d'un retour offensif des Hollandais, le gouvernement demanda les crédits nécessaires à la formation d'une armée de 60.000 hommes, appuyée par 80.000 gardes civiques. Le rapporteur de la commission déclara le 20 juillet 1831 « qu'il ne fallait à nos soldats que des bâtons et des sabots pour battre les Hollandais ». Les crédits furent réduits des trois quarts. Des 27 bataillons de renfort dont la mobilisation avait été décrétée depuis trois mois et demi, sept seulement étaient formés : deux en Brabant, trois en Flandre orientale, deux dans la province de Namur. On les démobilisa.

Or, à ce moment même, la Hollande avait rappelé sous les armes toutes ses classes de milice. Elle mettait sur pied 80.000 hommes et les massait au nord du Limbourg. Le 2 août, quinze jours après le rejet des crédits, ils franchissaient la frontière.

Il fallut improviser une armée. Elle comptait à peine 21.000 hommes que l'on chercha à grossir par des gardes civiques mobilisés une seconde fois. « L'enthousiasme avec lequel le peuple accourait « à la défense du pays démontra tout ce qu'on au- « rait pu en attendre, si l'armée avait eu une « ombre d'organisation. Mais, telle qu'elle était, « c'était une agglomération d'hommes arrachés de « la veille à leurs travaux, pourvus d'un équipe- « ment et d'un armement incomplets. » De plus, cette armée, déjà inférieure, était divisée en deux groupes : l'un, sous Ticken, dans la province d'Anvers ; l'autre, sous Daine, autour de Hasselt.

Le gros des Hollandais, trois divisions d'infanterie et une de cavalerie, commandé par le prince d'Orange, marcha sur Turnhout. Une autre division hollandaise, commandée par Kortheiligers, se dirigea de Bois-le-Duc sur Hasselt.

Niellon, avec 1.600 hommes, entrava pendant deux jours la marche du prince d'Orange sur Turnhout et Diest. Les Hollandais n'atteignirent cette ville que le 5 août.

Daine, menacé à la fois par le prince d'Orange et par Kortheiligers, chercha à faire face aux attaques. Le 6 août, 5 1/2 bataillons belges (2 des tirailleurs de la Meuse, 3 du 2e de ligne, 1/2 du 11e de ligne) et deux pièces défendirent Houthaelen pendant toute la journée contre la division Kortheyligers. Le lendemain, un autre détachement se heurtait à Kermpt aux avant-gardes du prince d'Orange et les refoulait. Toutefois, Daine, impressionné, décida de se replier sur Liége. Le prince d'Orange le suivit, mais les tirailleurs de la Meuse l'arrêtèrent à Curange.

Sur ces entrefaites, Tieken était venu d'Anvers à Aerschot où il avait rejoint le roi Léopold Ier. Le prince d'Orange se porta à Tirlemont pour séparer les deux groupes belges. Le groupe d'Aerschot attaqua le 11 août les avant-postes hollandais à Bautersem ; le 7e et le 12e de ligne, appuyés des chasseurs éclaireurs de Bruxelles et d'un escadron du 1er lanciers, menèrent cette attaque qui fut un succès. Malheureusement, le groupe de Liége ne put intervenir. Le 12, le prince d'Orange prit une offensive générale contre le corps de Tieken. Les troupes belges, excitées par la présence du roi, eurent d'abord quelques succès à Pellenberg, puis furent refoulées sur Louvain.

L'arrivée à Tirlemont d'une armée française de secours sauva la situation. Le prince d'Orange se retira vers le Nord. Les Hollandais ne conservaient plus que la citadelle d'Anvers qui fut assiégée par le maréchal Gérard et capitula en 1832.

Les puissances européennes reconnurent alors l'indépendance de la Belgique et proclamèrent sa neutralité.

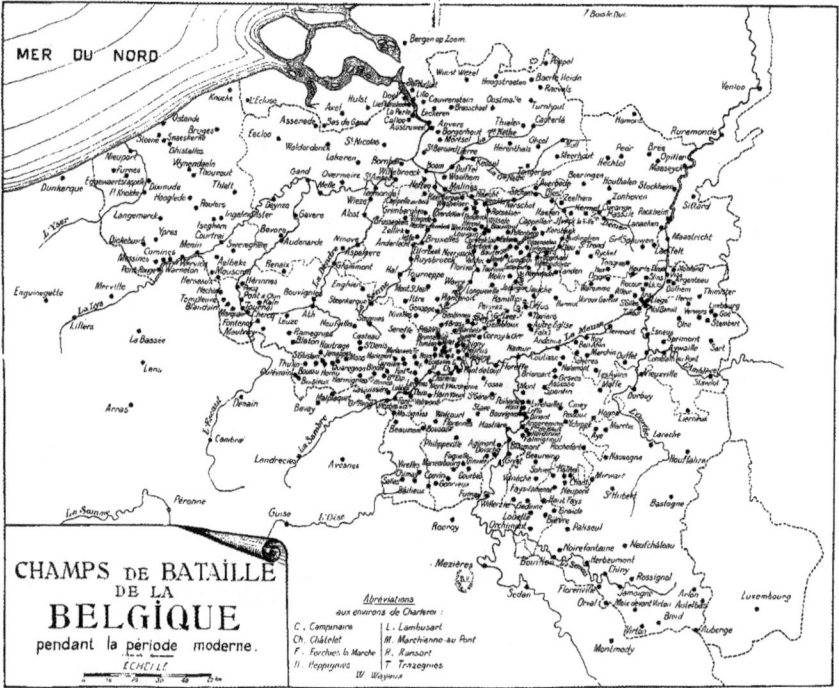

MER DU NORD

CHAMPS DE BATAILLE
DE LA
BELGIQUE
pendant la période moderne.

ÉCHELLE

Abréviations
aux environs de Charleroi :

C . Campinaire   L . Lambusart
Ch. Châtelet   M. Marchienne-au-Pont
F . Forchies la Marche R . Ransart
H . Heppignies   T . Trazegnies
                W. Wayaux

LISTE
DES PRINCIPAUX CHAMPS DE BATAILLE
DE BELGIQUE
PENDANT LA PÉRIODE MODERNE

*Les dates en italique indiquent la destruction
totale ou partielle de la localité.*

Aelbeke, 1794.
Aerschot, *1542*-1746.
Agimont, *1554*.
Alleur, 1792.
Alost, 1585-*1667*.
Andenne, 1790.
Anderlecht, 1695-1792.
Ans, 1746.
Anseremme, 1790.
Anvers, *1583*-1585-1814-
 1830-1832.
Argenteau, 1674.
 1830-1832.
Arlon, 1542-1557-1793-1794.
Aspelaere, 1695.
Assenede, *1572*.
Assesse, 1790.
Ath, 1667-1696-1701-1706-
 1745.
Aubange, 1793.
Audenarde, 1572-1578-1581-
 1658 - 1667 - 1674 - 1684-
 1706-1745-1794-1798.
Austruweel, 1567.
Autelbas, 1794.
Autre-Eglise, *1706*.
Averbode, *1574-1590*.

Aye, *1625*.
Aywaille, 1794.

Baerle-Heide, 1830.
Baileux, 1651.
Baisieux, *1578*-1792.
Bastogne, 1602.
Bautersem, 1831.
Beauraing, *1793*.
Beaumont, 1660-1691.
Beeringen, *1792*-1831.
Ben-Ahin, *1574*.
Bevere, 1708.
Bierbeek, 1793.
Bièvre, *1554*.
Binche, 1542-*1554*-1578.
Blaimont, 1790.
Blandain, 1794.
Blaton, 1676-1792.
Blauwput, 1578.
Bleid, *1793*.
Boom, 1798.
Bonne - Espérance, 1542-
 1689.
Borgerhout, 1579.
Bornhem, 1798.

Bouillon, 1521-1552-1792-1815.

Boussu-lez-Mons, 1792.

Boussu-lez-Walcourt, 1693-1794.

Bouvignes, 1554.

Bouvignies, 1554-1578-1790.

Brasschaet, 1542-1831.

Brée, 1635.

Brionsart, 1790.

Brunehault, 1794.

Brusseghem, *1684-1794*.

Bruxelles, *1695*-1746-1830.

Budingen, *1705-1798*.

Calloo, 1585-1604-1639.

Campinaire, 1794.

Cappelle-au-Bois, 1798.

Cappellen, 1831.

Carnières, 1572-*1592*.

Casteau, *1678*.

Casterlé, 1831.

Cauwenstein, 1585.

Cense-de-Haut, 1790.

Chanly, 1790.

Charleroi, 1677-1693-1794.

Châtelet, 1542-*1552-1635-1646*.

Chercq, *1566*.

Chimay, 1552-*1554*-1622-*1640*.

Chiny, *1557*.

Ciney, 1702.

Clermont, 1794.

Comblain-au-Pont, 1794.

Comines, 1792.

Corbeek-Loo, *1542*.

Corroy, 1525.

Courtrai, 1646-1648-1670-1706-1744-1792-1794.

Coutisse, 1790.

Couvin, *1507-1554*.

Cumptich, 1792.

Curange, 1831.

Daelhem, 1507-1674.

Deynze, 1794.

Dickebusch, 1793.

Diest, 1507-1572-*1703*-1793-1798-1831.

Dinant, 1554-1675-1794.

Dixmude, 1580-1658-1683-1695-1744.

Doel, 1832.

Doische, 1555.

Dourbes, 1554.

Duffel, *1542*-1576-1798.

Durbuy, 1683.

Eecloo, *1572*.

Eeckeren, 1703.

Eggervaertscappelle, 1646.

Enghien, 1580-1798.

Esneux, 1794.

Estinnes, 1568.

Ethe, *1794*.

Etterbeeck, 1708.

Evrehailles, 1790.

Fagnolle, *1554*.

Falmignoul, 1554-1790.

Fayt-en-Famenne, 1790.

Fleurus, 1622-1690.

Frasnes-lez-Gosselies, *1554*-1814.

Floreffe, *1554*.

Florennes, 1542-*1554*.

Florenville, 1521-1552.

Florival, *1542*.

Folx-les-Caves, 1706

Kerkom, 1746.
Kermpt, 1831.
Kersbeek, 1584.
Kessel, 1709.
Knocke-sur-mer, 1744.
Knokke, 1695.

La Buissière, 1793.
Lambusart, 1794.
Lanaeken, 1576-1579.
Landen, 1507-1693-1795.
Langemarck, 1794.
La Perle, 1747.
Laroche, 1680.
Lawfelt, 1747.
Léau, 1703-1706.
Leernes, 1794.
Leffe, 1790.
Les Avins-en-Condroz, 1635.
Leuze, 1691-1798.
Liefkenshoek, 1583-1747.
Liége, 1691-1830.
Lierneux, 1574.
Lierre, 1542-1582-1595-1706-
   1798-1830.
Liers, 1746.
Ligny, 1815.
Lillo, 1584.
Limbourg, 1578-1675-1701-
   1703.
Lobbes, 1793-1794.
Lokeren, 1605-1789.
Longueville, 1542.
Louette, 1554.
Louvain, 1542-1634-1710-
   1789-1792.
Luxembourg, 1542-1683-
   1791-1814.

Maestricht, 1576-1579-1632-
   1634-1673-1746.

Maeseyck, 1675-1740.
Maffe, 1790.
Malines, 1572-1794-1798.
Marbais, 1554.
Marcinelle, 1794.
Marchienne-au-Pont, 1554-
   1692-1793-1794.
Marchin, 1693.
Marquain, 1792.
Mariemont, *1554.*
Marienbourg, 1554.
Maubray, *1678.*
Meerhout, 1798.
Meix-devant-Virton, *1635.*
Melin, *1542.*
Melle, 1745.
Mellet, 1622-1794.
Menin, 1706-1794.
Merbes-le-Château, 1793-
   1794.
Merny, *1552.*
Messines, *1544-1552-1566-
   1648-1793.*
Mirwart, 1790.
Moll, 1579-1798.
Monceau-sur-Sambre, 1794.
Mons, 1572-1677-*1691*-1709-
   1746-1792-1794.
Mont, 1790.
Montignies - Sᵗ- Christophe,
   1689.
Mont-Saint-Jean, 1794-1815.
Mont-sur-Marchienne, 1794.
Morlanwelz, *1546.*
Mortsel, 1830.
Mouland, 1674.
Mouscron, 1794.

Nallamont, 1790.
Namur, 1692-1693-1746.

Nassogne, 1790.
Nechin, 1792.
Neder-over-Hembeek, 1746.
Neerwinden, 1693-1793.
Neeryssche, 1542-1703.
Neufchâteau, 1555.
Neufvilles, 1553.
Neupont, 1790.
Nieuport, 1600-1648-1745-1792-1793.
Ninove, 1582-1798.
Nivelles, 1554-1578.
Noirefontaine, 1774.

Offus, *1706*.
Olne, 1790.
Oostmalle, 1746.
Opitter, *1583*.
Opvelp, 1793.
Orchimont, *1554*-1636.
Oreye, 1830.
Orval, *1552*-1792.
Orsmael, 1705-1793.
Ostende, 1601-1706.
Ouffet, *1568*.
Over-de-Vaart, 1794-1830.
Overmeire, 1798.

Paliseul, 1554.
Papenvoort, 1831.
Pecq, 1794.
Peer, 1792.
Pellenberg, 1793-1831.
Perwez, 1746.
Pessoux, 1790.
Philippeville, 1578.
Plancenoit, 1815.
Poilvache, *1554*.
Pont-à-Chin, 1794.
Pont-de-Loup, 1794.

Pont-Rouge, 1792.
Poppel, 1831.

Quaregnon, 1792.
Quatre-Bras, 1815.
Quiévrain, 1792.

Raevels, 1597-1831.
Rameignies, 1794.
Ramillies, 1706.
Ransart, 1794.
Ransbeek, 1585.
Reckheim, 1794.
Renaix, 1798.
Rochefort, *1653*-1790.
Rocourt, 1746-1792.
Roosbeek, 1576.
Rossignol, 1557.
Rotselaar, *1542*.
Roux, 1794.
Ruysbroek, 1798.
Ryckel, 1632.
Rymenam, 1578.

Saint - Amand - lez - Fleurus, 1815.
Saint - Amand - lez - Puers, 1798.
Saint-Bernard, 1798.
Saint-Denis, 1678.
Saint-Gérard, *1554*.
Saint-Géry, *1554*.
Saint-Ghislain, 1655-1677-1689-1709-1746.
Saint-Gilles, 1568.
Saint-Hubert, 1522-*1568*.
Saint - Trond, 1568-*1672*-1746-1792.
Salles, *1676*.
Santvliet, 1628-1703.

Sart-lez-Spa, 1651.
Seneffe, *1554*-1674-1794.
Sichem, 1578.
Slins, 1746.
Sohier, 1790.
Sollières, 1790.
Snaeskerke, 1600.
Spontin, *1554*.
Sprimont, 1790.
Stave, *1554*.
Stavelot, 1688.
Steene, 1600.
Steenkerque, 1692.
Stembert, 1566.
Stockheim, 1590-1675-*1702*-1792.
Sweveghem, 1814.

Taviers, *1706*.
Templeuve, 1794.
Termonde, 1572-1584-1667-*1706-1745*.
Thielen, 1831.
Thielt, *1575*.
Thildonck, *1542*.
Thiméon, 1794.
Thimister, 1794.
Thourout, *1578-1695*.
Thuin, 1654-1794.
Thulin, 1792.
Tilleur, 1636.
Tirlemont, *1507*-1572-1578-1595-*1635*-1793.
Tongerloo, *1584*.
Tongres, 1568-1672-*1677*-1703-1792-1794.
Tourinnes-la-Grosse, 1793.
Tournai, 1513-1521-1581-1667-1709-1745-1792.
Tourneppe, *1689*.

Trazegnies, 1794.
Turnhout, *1506-1597*-1648-1789-1794-1830.

Val-Benoît, *1688*.
Valduc, 1542.
Velaine-sur-Sambre, 1794.
Vieuxville, 1521.
Vilvorde, 1585-1792.
Virelles, *1640-1746*.
Virton, 1521 - 1525 - 1542 - 1552-1688-*1792*.
Visé, 1681.
Vissenaeken, 1576-1831.
Vonèche, 1790.
Voroux-Goreux, 1792.

Wachtendonck, *1600*.
Waelhem, *1542*-1576-1585.
Walcourt, 1552-1689.
Warneton, 1792.
Waterloo, 1815.
Wavre, *1542*-1815.
Wayaux, 1794.
Werchter, *1542*.
Wervicq, 1792.
Wespelaer, *1542*.
Wicze, *1598-1667-1689*.
Willebroek, 1579-1798.
Willerzie, 1554.
Wilsele, 1798.
Winxele, *1542*-1831.
Wuestwezel, 1831.
Wynendaele, 1708.

Ypres, 1648-1658-1744-1793-1794.
Ychippe, 1790.

Zeelhem, *1582*.
Zellick, 1673-1693.
Zonhoven, 1831.

CONCLUSION

Nulle contrée ne mérite plus que la Belgique le titre de région historique.

Elle fut le *chemin des nations.*

Quel est le peuple migrateur ou conquérant qui ne l'ait traversée depuis les Celtes, les Romains, les Germains, les Scandinaves, les Scythes des premiers temps jusqu'aux Espagnols, aux Hollandais, aux Français, aux Autrichiens, aux Russes, aux Prussiens, aux Anglais des siècles à peine révolus? Entre le xiie et le xixe siècle, les flux et reflux des armées ont ramené à plus de cinquante reprises l'étranger sur son sol.

Elle fut le *champ de bataille de l'Europe.*

Elle a vu balancer la fortune de César et s'écrouler celle de Napoléon. Les invasions germaniques sont venues mourir à ses confins; les Normands de la mer du Nord ont trouvé leur tombeau au cœur du pays. Le premier conflit franco-allemand se résout à Bouvines; Calais, aux portes de la Belgique, est le dernier vestige de l'occupation anglaise de la guerre de Cent ans. C'est en écrasant les Gantois à West-Roosebeke que le roi de France dompte l'agitation démocratique de ses villes, et c'est en détruisant Liége et Dinant que Charles le Téméraire espère peser sur les décisions de Louis XI. La guerre de la Succession d'Espagne commence en Italie et sur le Rhin ; celle de la Succession d'Autriche en Silésie et en Bohême ; l'une et l'autre se terminent par les événements survenus en Belgique. La journée de Jemappes ouvre les conquêtes des armées de la Révolution ; celle de Waterloo clôt l'épopée des armées de l'Empire.

Que de souvenirs militaires se sont ainsi accumulés dans l'arène étroite comprise entre la Meuse, l'Ardenne et la mer !

Bouvines, Furnes, Courtrai, Beverhout, West-Roosebeke, Othée, Brusthem, Gembloux, Nieuport, les Avins, Louvain, Calloo, Rocroy, Seneffe, Saint-Denis, Steenkerque, Eeckeren, Ramillies, Malplaquet, Fontenoy, Lawfelt, Jemappes, Roulers, Waterloo... Deux combats à Montenaeken et à Walcourt ; deux batailles à Neerwinden, quatre autour de Fleurus ! Des sièges célèbres comme ceux d'Anvers, d'Ostende, de Maestricht et de Namur ; d'autres plus obscurs, mais combien plus nombreux, comme ceux d'Audenarde, d'Ath, de Tournai, de Mons, de Charleroi, de Huy, de Dinant, de Bouillon, de Limbourg, de Louvain ; le blocus de Gand et celui du Brabant ; le bombardement de Bruxelles ; les inondations de Nieuport et de Termonde ; le sac et la ruine, plusieurs fois répétés, de Courtrai, de Messines, de Poperinghe, d'Alost, de Ninove, d'Aerschot, de Saint-Trond, de Tongres, de Hasselt, de Tirlemont, de Waremme, de Binche, de Châtelet, de Chimay, de Couvin, de Beauraing, d'Arlon, de Virton !.....

A ce sol si convoité, si disputé, plein d'un tumultueux passé, le pacte de 1831 semblait devoir procurer à tout jamais le calme et la paix.

Depuis le 2 août 1914, tous ces noms ont de nouveau retenti et des soldats des cinq parties du monde sont venus baigner de leur sang la terre belge, celle que baisaient les communiers flamands avant de combattre et de mourir pour leur droit et leur liberté.

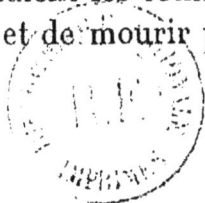

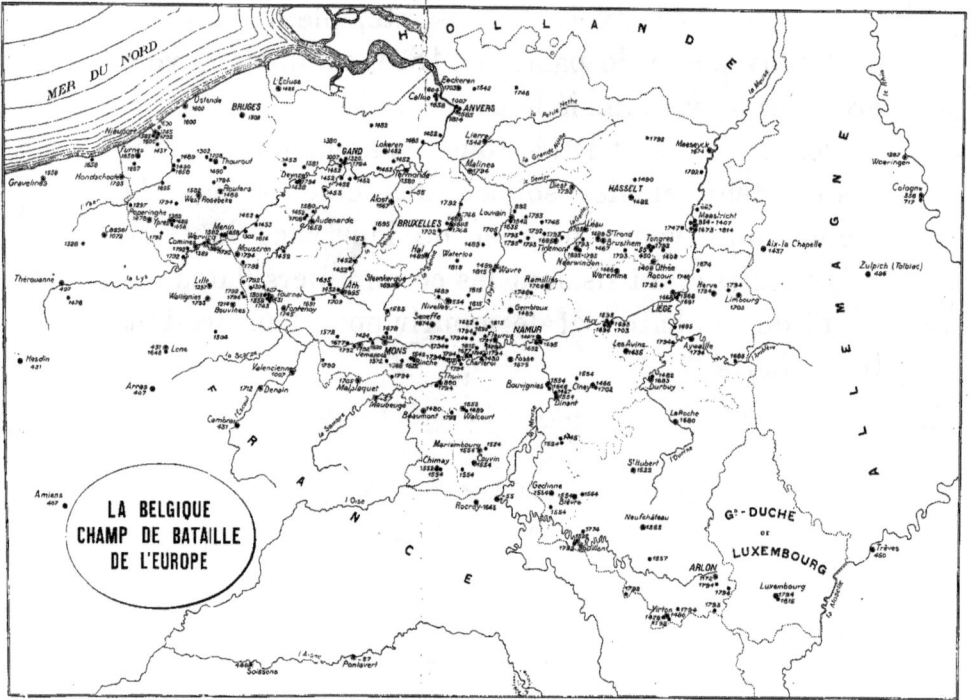

LA BELGIQUE
CHAMP DE BATAILLE
DE L'EUROPE

TABLE DES MATIÈRES

———

———

TABLE DES CARTES

MACON, PROTAT FRÈRES, IMPRIMEURS

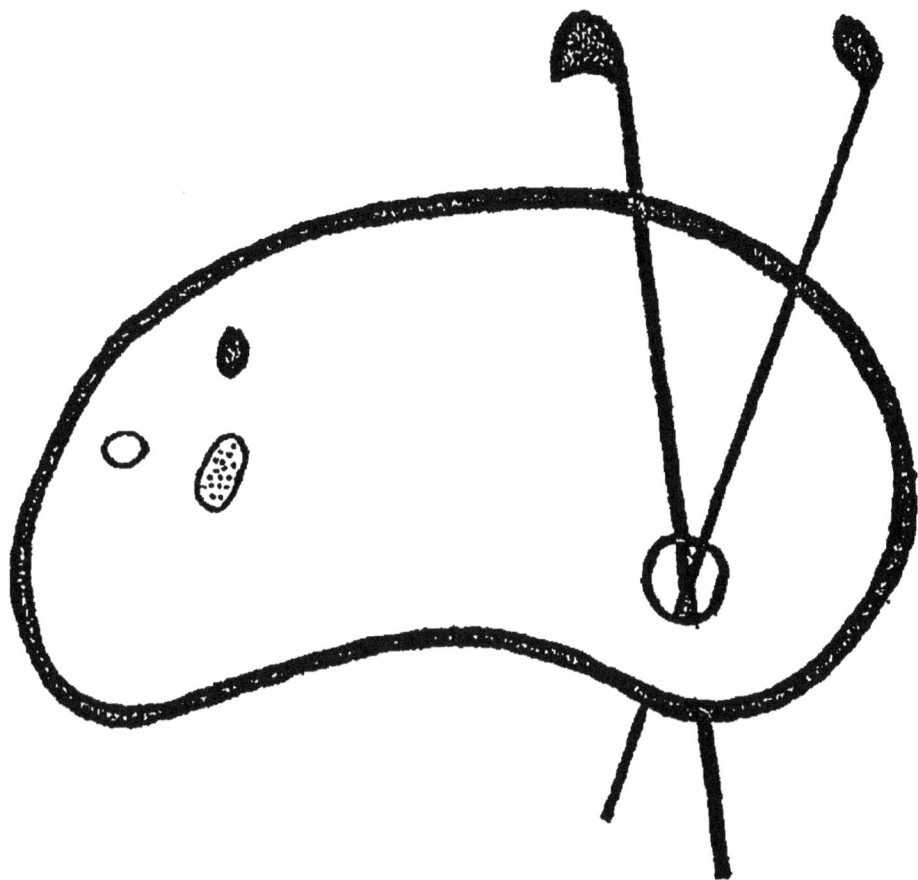

ORIGINAL EN COULEUR
NF Z 43-120-8

LIBRAIRIE NATIONALE D'ART ET D'HISTOIRE
G. VAN OEST ET Cie, ÉDITEURS
4, Place du Musée, BRUXELLES
BUREAU A PARIS : 63, BOULEVARD HAUSSMANN

LES CAHIERS BELGES

Sous ce titre nous avons entrepris la publication d'une série d'études consacrées à des questions intéressant le passé, le présent et l'avenir de la Belgique, sous leurs divers aspects : historique, diplomatique, militaire et économique.

VIENNENT DE PARAITRE :

N° 1. *La propagande allemande et la question belge*, par J. Mélot.

N° 2. *La surprise. Les jours épiques de Liége*, par Paul Crokaert.

N° 3. *Le chiffon de papier*, par J. Massart.

N° 4. *L'Armée et la Nation*, par Memor.

N° 5. *Le soldat belge peint par lui-même*, par H. Davignon.

N° 6. *Le testament politique du général von Bissing*, par F. Passelecq.

N° 7. *Jules Renkin et la conquête africaine*, par Miles.

N° 8-9. *La volonté nationale belge en 1830*, par F. Van Langenhove.

N° 10. *La littérature belge. Son rôle dans la résistance de la Belgique*, par M. des Ombiaux.

N° 11. *La résurrection d'une armée*, par le Commandant Willy Breton.

N° 12. *Un précurseur : le général Brialmont*, par Paul Crokaert.

N° 13. *Le Baron de Broqueville et la défense nationale*, par Miles.

N° 14. *La Belgique et les questions rhénanes*, par N. Wallez.

N° 15. *Le Baron Nothomb et la question luxembourgeoise*, par Ryckman-Betz.

N° 16. *La Belgique et le Grand-Duché de Luxembourg*, par Jules Destrée.

N° 17. *Le mouvement flamand et la guerre*, par Leo Van Puyvelde.

N° 18. *Les visées de l'Allemagne sur le Congo Belge*, par Maurice Bourquin.

N° 19-21. *Les traités de 1831 et de 1839*, par Trévire et Nervien (160 pages. Prix : 2 fr. 50).

N° 22. *L'apport moral de la Belgique à la cause des Alliés*, par Gérard Harry.

D'autres études d'un très vif intérêt sont en préparation.

Prix de chaque numéro : **0 fr. 70.** On souscrit aux numéros 13 à 24 des *Cahiers belges* au prix de 8 fr. 50 franco pour la France et 9 fr. 50 franco à l'étranger. S'adresser à la librairie G. Van Oest et Cie, 63, boulevard Haussmann, Paris.

www.ingramcontent.com/pod-product-compliance
Lightning Source LLC
Chambersburg PA
CBHW060602100426
42744CB00008B/1285